高架より遥かに高いビルに囲まれた秋葉原駅と京浜東北線

どことなく庶民的な香りもするのが京浜東北線の特徴だ

浦和駅の自由通路から西口のロータリーまでは、浦和レッズの世界観

王子駅前の都電乗り場。手前の道路は明治通り、高架は新幹線

新幹線も空港も。品川駅は東京を代表するターミナルに育った

快速 南浦和
1144B
EAST JAPAN RAILWAY COMPANY JR

上野～鶯谷間、上野山の崖下を走る京浜東北線。崖上には小学校がある

大井町駅のアトレは、JRでは初めての線路上の駅ビルなのだとか

赤い靴を履いていた女の子。現代的な横浜駅にも時代を感じさせるオブジェが

根岸線は丘陵地のニュータウンの中を走る。洋光台駅の周囲も団地だらけだ

奥に見えるのは桜木町駅で分かれる貨物線の高島線。手前の高架は旧東横線

東京駅丸の内駅舎前の広場は憩いの場。超高層ビルに囲まれている

降りて、見て、歩いて、調べた
京浜東北・根岸線47駅

鼠入昌史

イカロス出版

京浜東北・根岸線47駅

降りて、見て、歩いて、調べた

CONTENTS

はじめに …… 4

第1章 東京～大宮 …… 6

東京駅 …… 8
神田駅 …… 12
秋葉原駅 …… 16
御徒町駅 …… 20
上野駅 …… 24
鶯谷駅 …… 28
日暮里駅 …… 32
西日暮里駅 …… 36
田端駅 …… 40
上中里駅 …… 44
王子駅 …… 48
東十条駅 …… 54
赤羽駅 …… 58
川口駅 …… 64
西川口駅 …… 70
蕨駅 …… 74
南浦和駅 …… 78
浦和駅 …… 82
北浦和駅 …… 86
与野駅 …… 90
さいたま新都心駅 …… 94
大宮駅 …… 98

第2章
有楽町～横浜 102
有楽町駅 104
新橋駅 108
浜松町駅 112
田町駅 116
高輪ゲートウェイ駅 120
品川駅 124
大井町駅 128
大森駅 132
蒲田駅 136
川崎駅 142
鶴見駅 146
新子安駅 150
東神奈川駅 154
横浜駅 158

第3章
根岸線 桜木町～大船 162
桜木町駅 164
関内駅 170
石川町駅 174
山手駅 180
根岸駅 184
磯子駅 188
新杉田駅 192
洋光台駅 196
港南台駅 200
本郷台駅 204
大船駅 208

第4章
京浜東北・根岸線ヒストリー ～since1914 212

おわりに 228

京浜東北・根岸線全駅データ 230

はじめに

二〇二四（令和六）年十二月二十日は、京浜東北線の開業から一一〇年の節目だ。

一一〇年はちょっとキリが悪いような気もするが、だいたい周年の節目は一〇年おきだから、二〇二四（令和六）年は京浜東北線にとって記念すべき年といっていいだろう。

一一〇年前の京浜東北線は、木造電車のデハ6340系の三両編成。同時に開業した東京駅から、現在の横浜～桜木町間にあった高島町駅までを結んでいた。まだ東北本線には入っていないから、当時の呼び名は京浜線。電車運転によって急速にお客を増やしていた京浜電気鉄道（現・京急電鉄）に対抗すべく、親方日の丸の鉄道院が電車運転をスタートしたのだ。その時点で、首都圏での鉄道院、のちの国鉄の電車運転はほかに中央線と山手線があるだけだ。一一〇年前から、京浜東北線は首都圏、東京を代表する路線だった。

それから一一〇年の間に、運転区間を大宮まで拡大し、さらに戦後開業した根岸線との直通運転を開始するなど、ますますの発展を見せてきた。スカイブルーの帯をまとったE233系は京浜東北線とその沿線を象徴する看板だ。一〇両編成だというのにもかかわらず、真っ昼間でも一時間に九本という頻発運転。田端～品川間では一一両編成の山手線が隣を走る。同じホームで走る方向も同じという方向別複々線で、それが共存できるというのだから、東京の中心の鉄道利用はあまりに激しい。さらに並んで東海道本線・横須賀線、上野東京ライン、宇都宮線・高崎線・常磐線なども走っているのだからなおのこと。もしも、この区間を走る路線が一本だけだったら、三〇秒に一本のペースで電車が来たとしても、とうてい乗り切れないに違いない。

二〇一五（平成二十七）年に上野東京ラインが開業してだいぶ解消されたが、それ以前の上野〜御徒町間の混雑率は二〇〇パーセント前後。殺人的な通勤ラッシュだった。この区間には、山手線と京浜東北線しか走っていない。首都圏の鉄道輸送のボトルネックになっていたのだ。京浜東北線が、どれだけ重要な仕事を担っているのかがよくわかる。

一一〇年の歴史を刻んできた京浜東北線とは、いったいどのような路線なのだろうか。沿線には、どのような町があるのだろうか。

首都圏に暮らしていて、京浜東北線に一度も乗ったことがないという人は少ないだろう。そのとき、京浜東北線がどんな路線なのかをどれだけ意識するものか。深いことを考えず、ただの通勤電車だと思って乗って、数分後には目的の駅に着いて降りてゆく。根岸線を含めて全線を乗り通すと二時間ほど。もちろん、そんな乗り方をして車窓を楽しむような人などめったにいない。

そんな京浜東北線だが、もう少し経緯を払われてもいいのではないかと思う。何しろ、一一〇年にわたって首都圏の通勤輸送を支えてきたのだ。郊外に暮らして都心の職場に電車で通う。そうした生活スタイルを定着させたのは、大正から昭和初期にかけて生まれた郊外の私鉄路線だというのが定説だ。けれど、もっとさかのぼれば、気軽に乗れてスピードも速い電車運転で郊外と都心を結んだ京浜東北線が、その第一歩なのではないか。

混雑がヒドイとか、すぐにダイヤが乱れるとか、いろいろ文句をつけたくなる向きもあろう。けれど、京浜東北線が支えてきたのは東京をはじめとする首都圏そのものだ。一一〇年の歴史の中で、いくつもの町を生み出し、発展させた。そんな京浜東北線と根岸線の旅を、はじめよう。

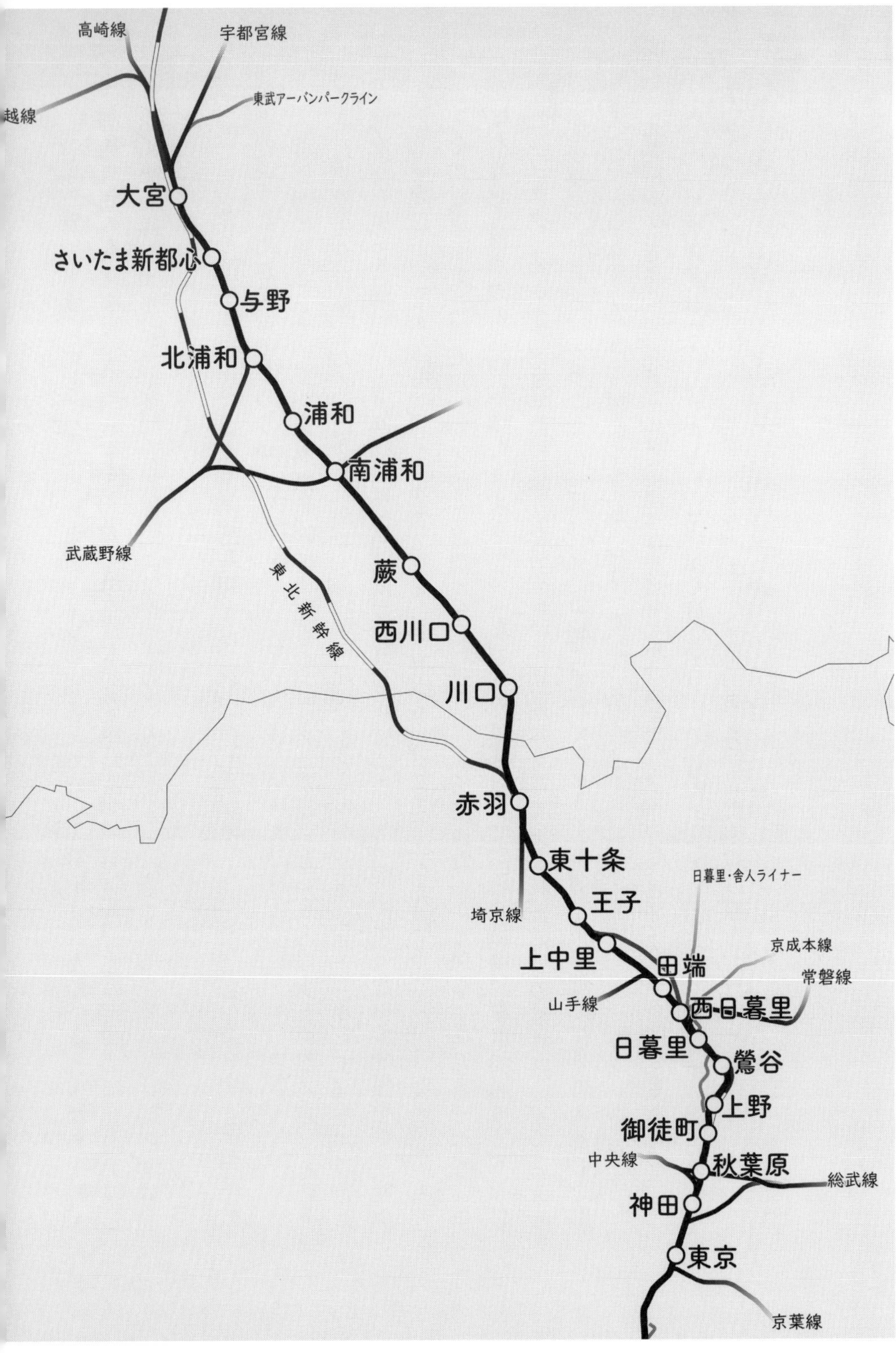

高崎線
宇都宮線
東武アーバンパークライン
越線
大宮
さいたま新都心
与野
北浦和
浦和
南浦和
武蔵野線
東北新幹線
蕨
西川口
川口
赤羽
東十条
埼京線
王子
日暮里・舎人ライナー
上中里
田端
京成本線
常磐線
山手線
西日暮里
日暮里
鶯谷
上野
御徒町
中央線
秋葉原
総武線
神田
東京
京葉線

第一章

東京〜大宮

JK 26

東京駅 ――はじまりは中央停車場

京浜東北線は、東京駅とともにはじまった。

一九一四（大正三）年十二月二十日。東京駅の開業と同時に、東京～横浜間の電車運転がスタートする。当時は京浜線と呼ばれていた、いまの京浜東北線だ。

首都圏の鉄道史を振り返ったとき、現在の高密度広範囲な電車ネットワークが確立された第一歩は、京浜線の運転開始と東京駅の開業にある。東京駅は京浜東北線にとって、いわば象徴のような駅なのだ。

東京駅の京浜東北線ホームは、三番線と六番線。山手線とホームを共有しているから、おおざっぱにいえば三～六番線までの二面四線が京浜東北・山手線ののりばということになる。その位置は、東京駅丸の内駅舎から見てふたつ目のホーム。最も駅舎寄りの一・二番線は中央線が使用している。

東京駅といったら、まず想起されるのは新幹線、次いで東海道本線、上野東京ラインといったところだろうか。少なくとも、〝中央停車場〟としての東京駅の

東京駅丸の内駅舎。戦災により開業時から形を変えていたが、2012年に復原された

中で、京浜東北線は脇役のような存在になっている。山手線も中央線も含めて、こうした通勤電車の位置づけは、少なくとも天下の新幹線と比べればどうしても弱くなる。

駅周辺の様相をみてもそうだ。新幹線のホームが近い八重洲口は駅ビルや地下街もさることながら、日本橋をはじめとする繁華街が広がり、オフィス街であり、商業エリアであり、伝統の息づく町であり。東京駅のターミナルとしての実質的な機能は、八重洲口側に偏りつつあるといっていい。

ただし、やはり東京駅の本質的な意味を問うならば、それは丸の内駅舎に見出さねばなるまい。一九一四（大正三）年に東京駅が開業したとき、丸の内駅舎のいちばん近くにあったのが京浜線、現在の京浜東北線であった。

その後も一貫して京浜線、京浜東北線は丸の内駅舎に近いホームを使う。一九一九（大正八）年には中央線が乗り入れてきて、ひとつ八重洲側にズレる。それ以後も、京浜東北線と山手線の分離運転開始によってホームが増設されたり、中央線のホームが重層化したことで京浜東北線がお引っ越ししたりといった小さな変化はあった。それでも、丸ノ内駅側から中央線、京浜東北・山手線という順番は、一〇〇年以上変わっていない。やはり、京浜東北線は東京駅の象徴でもあるのだ。

東京駅が開業した当時、駅の周囲、丸の内一帯はほとんど何もなかったという。八重洲側は車両基地の先に外堀が流れ、駅舎すら設けられていなかったのだから、荘厳な駅舎があるだけでもだいぶマシ。それでも、周囲は「三菱ケ原」などと呼ばれるような空き地が目立つ一帯だった。明治の末には、のちの東京駅付近の草地で若い女性の惨殺遺体が発見されるという、横溝正史ばりの事件も起こっている（「三菱ケ原のお艶殺し」として新聞を賑わし、事件発生から一〇年後に犯人が逮捕された）。

いまの丸の内の高層オフィスビルが建ち並ぶ風景からは、そんな草地があったとはおよそ想像もつかない。丸の内の西には皇居、宮城が広がる。そうした帝都のど真ん中が、なぜ空き地のままだったのだろうか。

江戸時代、丸の内一帯は〝大名小路〟と呼ばれる譜代大名の屋敷が集まる町だった。宮城はもちろん将軍の御座す江戸城だ。明治に入ると、幕藩体制の象徴だった武家屋敷は接収されて取り壊され、はじめは歩兵第三聯隊が置かれている。歩兵聯隊は一八八九（明治二十二）年には移転、跡地が三菱に払い下げられた。

丸の内エリアで最初に生まれた「三菱一号館」。現在は建て替えられ、美術館として復原されている

三菱は約一〇万四〇〇〇坪を所有し、既存の建物を一掃。ロンドンの金融街・ロンバードストリートを範にとったオフィス街を建設する。最初にできたのは、一八九四（明治二十七）年竣工の三菱第一号館。現在は建て替えられ、一号館時代の面影を残した三菱一号館美術館になっている。

同年には現在の国際フォーラムの場所に東京市庁舎も建設され、東京駅が開業するころには、少しずつ町の形ができつつあった。それでも大半はまだ空き地で、そういう開発途上の町だったからこそ、広大な中央停車場の用地が確保できたのだろう。東京駅の開業に合わせて丸の内駅舎から宮城に向かう行幸通りが整備され、町の背骨となって開発に拍車がかかる。現在まで続く「丸の内」の地名が正式に誕生したのは、一九二九（昭和四）年のことである。

それから一〇〇年。東京駅丸の内駅舎周辺の街並みは、基本的には変わっていない。ビルがどんどん高くなったくらいだ。いまでも三菱のグループ企業の本社が集まるし、駅前広場の向こうに聳える丸ビルも新丸ビルも、かつての国鉄本社の跡地にできた丸の内オアゾも、すべて三菱の建物だ。紛うことなき、〝三菱の町〟である。

東京駅の本質を宮城、皇居に面する天皇の駅とする見方がある。開業時の丸の内駅舎のしつらえはまさにそういうものだった。いまでも外国大使の信任状捧呈式は、東京駅丸の内駅舎から行幸通りを通って皇居に入る。

ただし、同時に丸の内のオフィス街、三菱の町のターミナルという側面も否定できない。駅の開業以前から国策含みで三菱の町だったわけで、いまだったら利権がどうのこうのと騒がれそうな話ではある。それでも、丸の内駅舎を顔とする東京駅は、三菱の、すなわち日本を代表するオフィス街の玄関口なのだ。

いまも昔も、よほどのお偉方を除けば、オフィス街にはみんな電車で通っている。首都圏の通勤電車のルーツのひとつといっていい京浜東北線が、そうしたオフィス街の玄関口とともに誕生した。そう考えたとき、東京駅にとって京浜東北線はまさに象徴的な路線なのである。

東京駅前広場には井上勝像。背後に見える丸の内オアゾは国鉄本社跡地だ

JK 27 神田駅 ——街路を無視した高架駅

東京は、古い都市だ。太田道灌が築いた江戸城がどうのという話まで持ち出すつもりはないが、少なくとも江戸時代から一貫して東京の実質的な首都機能を担ってきた。

江戸時代初期に一五万人ほどだった人口は、江戸末期には一〇〇万人ほどにまで増えていたといわれる。ロンドンの人口が八六万人ほどだったとき、江戸はすでに世界一の規模の都市になっていた。江戸、そして近代以降の東京の範囲は時代によって変わっているから一概には言えないが、明治に入った時点から、すでに東京は大都市だったのだ。

そうした大都市・東京に後から登場した鉄道は、実によくできていると思う。

たとえば、京浜東北線は南側では海沿いの低地、北側では洪積台地と沖積平野の際を走る。中央線は神田川や外堀沿いを通っている。赤坂御所や新宿御苑といった広大な緑地の狭間を抜けているのも、市街地の真ん中を通らないで済むようにするためだろう。

大都市に線路を敷くために、どれだけ巧みに既存の市

ガード下に出入口のある神田駅。手前は高架線とX字に交差している中央通り

街地を避けるルートを選んだのか。地形や当時の海岸線などと合わせてみると、そうした事情が実によく見えてくる。江戸時代以来の市街地をかまわずに横断、分断しているようなところはほとんどないのである。

ところが、どうしても既存の市街地を避けることができなかった区間がある。東京駅や神田駅を含む、京浜東北線（山手線）の新橋～上野間だ。この一帯は、古くからの町人町が続いていて、それらを無視して鉄道を通すことはしていない。鉄道開業以来、長らく新橋と上野がそれぞれ南と北の玄関口になっていたのは、そういう理由があるからだ。いまよりも圧倒的に強権的だった明治政府にしても、帝都の市街地を強引にぶち抜いて鉄道を通すことはしなかった、というかできなかった。

神田駅南側、駅の西に向かって広がる繁華街「西口商店街」の入口

それでもいつまでも都心の真ん中をほったらかしておくわけにもいかず、明治の終わり頃から高架線での建設が進んでいった。東京駅の開業もそうした文脈の中にある。

そして、一九一九（大正八）年には東京駅の北側に神田駅が開業する。中央線の東京駅乗り入れに際し、その途中駅として開業したのがはじまりだ。京浜線の電車が神田駅にやってくるようになったのは、一九二五（大正十四）年。上野駅から神田駅までの電車線が完成し、京浜線の運転区間が田端駅まで延びたときからだ。

そうした神田駅にやってきて、駅の周りを歩くとすぐに違和感を抱くはずだ。鉄道が南南西から北北東に向かって走っているのに対して、駅周囲の道路はまったく鉄道を無視するように通っている。おおざっぱな言い方をすれば、鉄道と道路がまったくかみ合っていないのだ。神田駅周辺でいちばんの大通りは、国道十七号（中央通り）。こちらも北西から南東まで、神田駅の直下をナナメに横切っている。

これは、言うまでもなく既存の市街地の中に後から高架の鉄道が通ったからだ。

中央通りはかつての五街道のひとつ、中山道の一部にあたる。明治以降は路面電車も走っていた。神田駅よりも少し北、神田川を渡る万世橋のたもとの神田須田町は、江戸時代以来の江戸・東京を代表する繁華街の中心だった。中央線が東京駅に乗り入れるまでわずかな期間のターミナルだった万世橋駅も神田須田町にあったし、その駅前には日露戦争で非業の死を遂げた軍神・広瀬武夫の像が置かれていた。帝都の市街地にあって、神田須田町が特別な位置を占めていたことが分かるエピソードだ。

神田駅周辺の市街地も、中央通りを背骨として形作られている。鉄道の存在など、まるで無視しているかのようだ。江戸時代から武家屋敷と職人町が並んでいた神田の市街地にとって、鉄道は新参者に過ぎない。そういえば、神田駅の脇を通る新幹線の高架の上にさらに高架を架けて上野東京ラインを開通させたとき、神田の町の人々は建設計画に反対したという。これもまた、鉄道の存在が神田の町にとっては新参者だったとい

2023年秋からは「アース製薬本社前」の副駅名。出入口もモンダミン

うことと無関係ではなかろう。高架の鉄道があってもなくても、神田は江戸の昔から東京で随一の繁華街なのだ。

そんな神田駅にやってきたら、である。駅名看板の「神田駅」の後ろに「アース製薬本社前」という副駅名が付け加えられていた。出入口の名前も、東西南北に加えてモンダミンにアースジェットにバスロマン。アース製薬の看板商品の名前が付け加えられている。

これは、二〇二三（令和五）年十月から五年間続けられる予定だという。とどのつまり、アース製薬の広告展開のひとつなのだろう。

副駅名というのは、別に珍しいものではない。京浜東北・根岸線でも、石川町駅には「元町・中華街」という副駅名がある。ただ、だいたい副駅名というものは、駅名以上に膾炙している近隣の地域名であったり、誰もが知っているようなレジャー施設、はたまた大学や医療機関など、公共性の高い施設の名前を用いることが多い。

中には広告色が強い（たぶん広告費が出ている）副駅名もあるけれど、それにしたってその駅と施設の関係性を誰もが知っているようなケースがほとんどだ。

その点、個人的な意見を言わせてもらえば、さすがに神田駅のアース製薬は無粋に過ぎるのではないかと思う。神田駅の近くにアース製薬の本社があるということを、どれだけの人が〝常識〟として知っているのか。むしろそれを知ってもらって、ついでに製品のアピールもできれば、というのが狙いなのだろう。

ただ、神田という、江戸の町からはじまる歴史と伝統の町から頂いた駅名を、こうして広告色を強めてしまうというのはいかがなものか。まあ、それこそ地元の人が不満を抱いていないならば、外野がとやかく言うことでもないけれど。

JK
28
秋葉原駅

――貨物駅からはじまった〝多様性〟のターミナル

神田駅を出発してすぐに中央線を西に分けると、京浜東北線はそのまま山手線と並んで高架で神田川を渡ってゆく。東側には上野東京ライン、さらにもうひとつ東には新幹線の高架が並んでいる。新幹線は秋葉原駅の地下に潜ってゆくから、少しずつの下り勾配。京浜東北線から見れば、見下ろす場所を通っている。

そうして総武線各駅停車と十字に交差する、重層的ターミナル・秋葉原駅である。京浜東北・山手線の高架の上を、総武線の高架がオーバーパス。総武線との乗り換えはやや複雑で、足元に貼られている案内表示に従って階段を登ったり下りたり。出入口もまた、電気街改札・中央改札・昭和通り改札と三か所も。それぞれの改札を出てからも、右に行くのか左に行くのかで続く町はまったく違う。

秋葉原という駅は、JRだけなら京浜東北・山手線と総武線しか乗り入れていない。それなのに、これほど複雑なのはなぜなのか。高架の上に相対式ホームの高架をさらに架けるという構造が理

周囲をビルに囲まれた秋葉原駅。駅ビルにはアトレが入っている

由なのは間違いない。そしてもうひとつナゾなのは、この駅を行き交う人のほとんどが、足元や頭上の案内表示などをロクに見ることなく、サクサクと歩いていることだ。新宿方面の総武線に乗りたかったのに錦糸町に行っちゃった、などという目にあったこと、ないのでしょうか……。

秋葉原が複雑なのは、駅ばかりではない。艱難辛苦の末に改札を抜けてからも、この町の持つ複雑性に圧倒されることになる。

いうまでもなく、秋葉原は日本有数のサブカルタウンだ。マンガ、アニメ、ゲーム、アイドル。いわゆる〝オタク文化〟が花咲く町だ。

こうしたジャンルは外国人にも人気が高く、おかげで秋葉原の町を歩いているとやたらと外国人観光客の姿を見かける。最近では、日本人よりも外国人の方が多いんじゃないかというくらいだ。十年以上前に、外国人観光客に話を聞く取材で秋葉原に赴いたことがあるから、もうこの町がインバウンドの震源地になって久しい。

もちろん、昔の秋葉原はインバウンドの町でもなければ、爆買いの町でもないし、そもそもオタク文化の町でもなかった。

一八九〇（明治二十三）年に秋葉原駅が開業した時点では、旅客扱いをしない貨物の専用駅だった。それまでは北の玄関口・上野駅で貨物も旅客も扱っていたが、手狭になったので秋葉原に貨物専用の新駅を移したのだ。駅周辺は明治初期の大火によって火除地（空き地）になっており、そのスペースが充てられた。すぐ南側を流れる神田川の舟運とも結びつき、隣接して青果市場も設けられるなど、物資の集積地として発展していった。

一九二五（大正十四）年に神田〜上野間の電車線が完成すると、秋葉原駅も同時に旅客営業を開始する。山手線の環状運転がはじまったのもこのときで、京浜東北線は田端駅まで運転区間を延ばしている。

　この頃には、すでに駅の周囲には飲食街などが形成されていたようだ。物資が集まる町には人が集まる。貨物の荷役はほとんど人手に頼っていた時代だからなおのこと。秋葉原は、物資の集積地であるがゆえに生まれた繁華街であった。

　さらに、東京電機大学が近くにあったことで、学生目当てにラジオ部品を扱う店が進出する。戦後はそうした店が露天商として軒を連ね、電気部品の闇市のような様相を呈する。それらは一九五〇（昭和二十五）年には総武線の高架下に移転させられる。そうして「電気街・秋葉原」が形作られていった。

電気街口の改札から総武線の高架沿いには電気部品の店が並ぶ

　秋葉原が電気街として名高くなったのは、高度経済成長期だ。個人所得が増え、技術革新も進んで白物家電の需要が急増した。いっとき、秋葉原は「白物家電が安く買える町」。白物家電の普及が落ち着き、家電量販店が各地にできるようになった一九九〇年代からは、変わってパソコンの町になってゆく。九〇年代はパソコンの黎明期。その時代からあれこれ手を出す人たちは、いわば〝マニア〟の部類に属する。そこから二〇〇〇年代に入ると、アニメやゲーム、アイドルなどのオタク文化の町へと転じていった。

　そして、こうした歴史の過程で貨物駅は姿を消してヨドバシカメラになり、青果市場はナゾのバスケットコートを経て

UDXやダイビルなどに生まれ変わった。物流拠点としての秋葉原は消え失せたが、人や文化、情報の拠点としての秋葉原はいまも健在なのである。

そうして、秋葉原は「多様性の町」などと呼ばれるようになった。メインカルチャーからは少し逸れた文化が集まり、栄え、生まれる町。これが秋葉原の魅力でもある。かつては人目を忍んでいたオタク趣味が市民権を得たのも、秋葉原の町の貢献するところが大きい。

とはいえ、いまの秋葉原である。もちろんいまも電気街の名残りもあるし、アニメもゲームもアイドルもパソコンも、そしてオトナのオモチャまで、あらゆるものが揃っている。このあたりは実に多様性の町らしい。けれど、あらゆるものが揃いすぎてかえって普遍化し、歩いているだけでは多様性を感じにくくなっているような気がしなくもない。

海外からの観光客が押し寄せて、選挙戦の最終盤では麻生さんが演説して喝采を浴びるなんて、およそ個性の突き抜けた町とは言い難い。誤解を恐れずにいえば、いまの秋葉原駅は、大都市の中にあっては珍しくない、どこにでもあるような普通の駅としての側面が強くなってきているのかもしれない。

結局、多様性というのは突き詰めればかえって目に見えにくくなってしまうということなのだろう。あれもこれも認めていこうという多様性。それが完全に根を張れば、ことさら多様性を掲げるまでもなくなってくる。そうした進化が、秋葉原の町に現れている。

パチンコ店と警察署。こんな風景も、多様性の町・秋葉原らしさなのか

JK 29

御徒町駅

——上野と地続きのジュエリータウン

秋葉原駅までは、間に神田川を挟みながらもずっと「神田」と呼ばれる町の中を走ってきた。もちろんずっと高架である。郊外で高架の電車の窓から町を見下ろすと、全容を見通せたようで気分がいい。が、さすがの大都会・東京である。京浜東北線の高架からは、ほとんど車窓が見通せない。高架よりも高いビルが線路の脇にピタリとくっついて建っているからだ。それもまた、こうした大都市を走る通勤電車らしい車窓風景といったところだろうか。

御徒町駅にやってくると、神田・秋葉原とはまた違う雰囲気に包まれていることが感じられる。江戸時代からの下町の風情が漂う神田・秋葉原に対して、御徒町駅は完全に上野の町と地続きだ。御徒町は、上野の中の小駅である。

上野の町のシンボルのひとつである上野広小路は、京浜東北線の高架に並行して西側を通る。御徒町駅北口を出ると、高架の下を春日通りが横切っていて、

御徒町駅の出入口もガード下。ロータリーの類いは持たない

西に向かうと五分も歩かずに上野広小路の交差点。その角にあるのが松坂屋上野店だ。

上野広小路は、一六五七（明暦三）年の大火をきっかけに火除地として設けられ、以後は繁華街として発展してゆく。松坂屋のルーツである呉服店は、江戸時代半ばの宝永年間に創業したという。江戸時代の後半には経営難から尾張・名古屋のいとう呉服店の傘下に入り、明治に入って百貨店に形を変え、いまにも続いている。まさに、繁華街・上野を象徴する百貨店といっていい。そんな松坂屋の最寄り駅は、上野駅ではなく御徒町駅なのだ。

さらに、御徒町駅の北口から線路沿いには、これまた上野のシンボル「アメヤ横丁」が上野駅方面に向かって続いている。賑やかな商店街になっているのはアメ横のある高架の西側だけでなく、東側にも幾筋もの商店街が線路と並ぶ。ガード下にも庶民的な店が建ち並び、昼夜を問わずに賑わいが絶えない、そうした上野の町の繁華街である。

御徒町駅に沿って高架の周りを歩いても、そうした町の本質は変わらない。

南口のすぐ近く、パルコと高架の間には、「おかちまちパンダ広場」と呼ばれる一角がある。その真ん中には、小さなパンダが何体か、仲良く並んで出迎える。上野とパンダの結びつきについては、言うまでもなかろう。パンダに会うなら和歌山のアドベンチャーワールドのほうがいいよ、などという人もいるけれど、「上野でパンダ」にはそれはそれで特別な価値がある。そんなパンダが御徒町にもいるのだから、もうまったく上野と地続き、同じ町の一部といっていい。

一九八八（昭和六十三）年から京浜東北線の快速運転がはじまると、御徒町駅は快速の通過駅になった。地元では、当時から快速の通過に強く反発し、いまも快速の停車を求める声が絶えない。町の賑わいを見るにつけ、御徒町に快速が停まらないというのはいくらか理不尽ではないかと思ってしまう。ただ、上野駅と地続きで間にも上野の繁華街が続いているのだから、上野から歩けばいいじゃない、ということなのだろう。それに、二〇一五（平成二十七）年からは、土休日に限って快速の停車駅に加わった。御徒町駅は、小さいけれど確かな存在感を持つ、そういう駅のひとつなのである。

御徒町駅北口を出て、東側の線路沿いの道を歩く。この一帯は、宝石関連の卸問屋が建ち並ぶ〝ジュエリータウン〟だ。道筋の名も、線路に近い方から「珊瑚《さんご》ストリート」「ルビーストリート」「サファイアストリート」。東西に通っている道も、「ひすいアベニュー」などと名付けられている。宝石系の取り扱いが豊富なことで知られるディスカウントショップ多慶屋《たけや》も、御徒町駅東側の一角だ。

アメ横が戦後発祥なのに対し、ジュエリータウンのルーツは江戸時代にさかのぼる。近隣に上野寛永寺や浅草寺をはじめとする神社仏閣が多く、また吉原などの歓楽地もあった。そのため、御徒町では当時から仏具やかんざし、帯留めなどを扱う職人が集まっていたという。近代以降はそれらが転じて西洋風のアクセサリーにも進出し、ジュエリータウンの原型を形作った。

さらに、戦争が終わると闇市をルーツにアメ横が成立する。東北方面からの物資が集まる上野という土

パンダ広場。仲良く並んだパンダが出迎えてくれる。御徒町は上野の町なのだ

地柄に加え、上野駅から御徒町駅まで線路がカーブしていて、それぞれの駅前の交番から見通しが悪かったことが、アメ横形成の一因になったという。発祥間もない、まだ闇市の色が濃かったアメ横では、米兵たちが露店で時計や宝石、アクセサリーの売買をしていた。それが可能だったのは、すぐ近くにジュエリータウンがあったから。つまり、おおげさな言い方をすれば、御徒町のジュエリータウンがアメ横の生みの親。少なくとも、ジュエリータウンがなければアメ横の隆盛はもう少し変わった形になったに違いない。

やはり、歴史的にも御徒町は上野と地続きの町だ。

だいいち、御徒町駅から上野駅までは、〇・六キロしか離れていない。開業当初は、上野広小路などに近い電車の駅、くらいの位置づけだったのだろう。上野駅は電車よりもむしろ長距離列車のターミナル。上野の繁華街に行くなら御徒町、といったところか。そんな御徒町駅の存在感は、一九二五（大正十四）年の開業から一〇〇年経っても、まったく変わっていないのである。

御徒町駅西側はジュエリー関連の卸問屋が軒を連ねる

JK 30 上野駅 ――上野公園とはなにか

個人的なことをいうと、東京にいくつかある巨大ターミナルの中で、上野駅がいちばん縁がない。東北・上越新幹線は東京駅がターミナルになり、上野東京ラインのおかげで常磐線も東京・品川駅までやってきた。だから、上野駅を使わねばならない状況がほとんどなくなった。駅周辺の繁華街にしても、東京の西側に住んでいると上野の町にはどうしても縁遠くなってしまう。

そんな中にあって、上野を訪れる数少ない機会のひとつが、上野公園である。

上野公園、正しくは上野恩賜公園という。公園の中には、パンダでおなじみの上野動物園や不忍池《しのばずのいけ》、また東京国立博物館、国立科学博物館、東京都立美術館、国立西洋美術館といった文化施設が目白押し。時間があるときに、そうした文化施設のどこかに足を運ぶことがある。上野駅を使うのは、そういうときくらいだ。同じような人は、かなり多いのではないかと思う。

よく、東京と地方の間での格差の本質に、〝文化的格差〟があるという話を聞く。めったに来日しない作品が展示される特別展・企画展を含め、気軽に質の良い博物館や美術館に足

上野駅の公園口。2020年に現在地に移転した。上野山の崖上にある出入口

を運べるのかどうか。同じように、映画や演劇、ミュージカルなどもどうしても東京が中心だ。人気アーティストのライブだって、東京や大阪、名古屋といった大都市では当たり前のように開催されるが、地方の小都市ではまずお目にかかれない。東京をはじめとする大都市と、それ以外の地方では、文化的体験ができる機会があまりに違う。それが、文化的格差、ひいてはより現実的な格差につながっている、というわけだ。

この理屈の是非はともかく、上野はそうした東京の文化都市としての一面を、かなりの範囲で代表している、象徴している町である。筆者のように、文化施設を訪れるときだけ上野に足を運ぶ人もいるくらいだから、文化都市・東京は上野によって支えられているといっていい。

上野駅公園口を出た先の駅前広場。まっすぐ先には上野動物園

そんな文化発信基地・上野公園。古くは徳川将軍家の菩提寺・寛永寺の境内だった。江戸城から見て鬼門の方角にあたる上野山が天海大僧正に与えられ、三代将軍家光の時代に創建されたという。

上野山と寛永寺は幕末に上野戦争の舞台となって焼け野原。その後、寛永寺の境内は大きく削られて、跡地が公園になった。一八七三（明治六）年に東京府公園に指定されたのが、上野公園のはじまりだ。日本で初めての〝公園〟である。

以後、上野はあらゆる面で〝日本初〟の舞台になってきた。たとえば、上野動物園は日本で初めての動物園。上野公園の北西に隣接する東京芸術大学は、日本初の音楽学校・東京音楽学校がルーツだ。東京国立博物館も近代的な博物館としては日本で最初のもの。細かいところでいえば、日本で初めての自動販売機も上野らしい。

鉄道に関連しても、上野は初めて尽くしだ。一八八三(明治十六)年に開業した上野駅は、日本初の私設鉄道のターミナルだった。一九二七(昭和二)年には、上野〜浅草間で東洋初の地下鉄が開業している。ほかにも赤帽や発車ベルなど、上野ではじまったあれこれは枚挙に暇がない。文化の発信基地・上野は、新しもの好きの町でもある。

そうした歴史的背景があるからなのかどうなのか、上野公園にはいまも多くの人がやってくる。観光バスでやってくる修学旅行や社会科見学の類いもあれば、外国人観光客の姿も目立つ。もちろん、親子連れのファミリーも淑女のグループも。上野駅公園口前の広場を一風変わった格好をして歩いているのは、東京芸術大学の学生だろうか。とにかく上野公園は、老若男女ありとあらゆる人がやってくる。そして、彼らにとっての玄関口になっているのが、上野駅公園口だ。

上野駅公園口は、二〇二〇(令和四)年三月に現在地に移転している。それ以前は、いまよりも少しだけ南側。移転したことで公園口改札を出てからまっすぐに公園内のメインストリートに通じるようになった。公園との間での人の流れを改善するのが移転の目的だったようだ。公園口からまっすぐ進めば、パンダが……上野動物園が待っている。文化都市としての上野の正面玄関は、間違いなく公園口である。

そんな上野駅公園口を舞台にして書かれた小説が、柳美里《ゆうみり》の『JR上野駅公園口』だ。この小説は、文化基地としての上野公園ではなく、上野公園が持つもうひとつの側面に焦点が当てられている。東北・福島県は相馬市の出身で、ホームレスとして上野公園で寝起きする〝カズさん〟の生涯を描く作品だ。上野は、カズさんのような路上生活者の多い町としても知られている。

終戦後、上野の地下通路は戦災孤児で溢れかえった。上野を中心とする下町は空襲の被害がとりわけ大きく、戦災孤児もその分多かった。彼らが食べ物を求め、また何かを求めてターミナルの上野駅に引き寄せられるようにやってきた。

その後も、上野駅の周辺には多くの路上生活者が暮らした。東北から出稼ぎや就職で出てきた人たちが職を失い、ふるさとに帰るに帰れず最後に行き着く町が、上野なのだという。「ふるさとの 訛なつかし 停車場の 人ごみの中に そを聴きにゆく」。石川啄木がこの歌を詠んだのは明治時代だったが、上野公園のテントで寝起きしていた路上生活者も、同じような思いだったのだろうか。バブル崩壊後の上野公園には、六〇〇〇人を超えるホームレスが小屋を建てて暮らしていたという。

二〇〇六年には、いわゆる〝山狩り〟が行なわれ、上野の路上生活者は段階的に姿を消していった。いま、上野を歩いてもたくさんの路上生活者に遭遇することはない。ただ、それはホームレスがいなくなったわけではなく、臭いものに蓋をしただけだ。まだどこかに、〝カズさん〟はいる。

『JR上野駅公園口』の最後の場面は、上野駅の一・二番線ホーム。公園口の改札からいちばん近い、京浜東北線と山手線のホームだ。上野公園にやってくる、さまざまな人々。その姿を、京浜東北線は一〇〇年の間、見守り続けている。

上野駅の構内を北側の跨線橋から望む

JK 31

鶯谷駅

——崖下に煌めくネオンサイン

京浜東北線は、上野駅から荒川を渡るまで、ずっと崖の下を走る。武蔵野台地の際である。

上野駅から鶯谷駅にかけての崖上は、上野山だ。上野公園、寛永寺、そしてそれに紐付く墓地などが、高台の上に広がっている。鶯谷駅は、そうした上野山の玄関口でもある。

ホームの上野寄りの階段を登り、少し長い通路を通った先の南口。崖上に設けられた駅舎は、崖の上に通じる出入口だ。赤い屋根の小さな駅舎と、車道と歩道が明確には分けられていないロータリー。どことなく、昭和の小さな駅前の風景によく似たものを感じる。

駅舎を背にして右手に新坂を登ってゆくと、墓地の脇を通って上野公園に続く。反対に、左に折れて跨線橋を渡って下ると、崖下を通る言問通り。鶯谷駅の近くの言問通り沿いは、「根岸」と呼ばれる一帯だ。

根岸は、江戸時代から別荘地として栄え、文人墨客も多く暮らした町だ。明治時代には、かの正岡子規

上野公園方面に直結する鶯谷駅南口。駅前にはタクシー乗り場

が最期の時間を過ごした町としても知られる。肺の病を得て病床に臥し、『病牀六尺』を書いた家。いまも「子規庵」として根岸の町の中に残っている。根岸は、そんな時代の面影を存分に残した、味わいに満ちている町だ。鶯谷は、そうした町の玄関口である。

ホームから見えるラブホテル。上京した人たちのための簡易宿泊所がルーツだとか

……などといったところで、これだけで鶯谷駅について語ろうとするのは、いくらなんでも片手落ち、綺麗事がすぎるといったところだろうか。鶯谷駅にやってきて、そのホームに立っていちばんに目に入るのは、宇都宮線や高崎線の線路の向こう側のラブホテル街のネオンサイン。「コスプレ100品揃え」などという看板も見える。なかなか充実した、ラブホ街のようだ。

鶯谷のラブホ街は、ホームから階段を登る南口とは反対に、日暮里寄りにある下り階段から線路下の通路を抜けて、言問通り近くの北口駅舎の方が近い。改札を抜けて、ロータリーと言えるようなロータリーもない駅前から、線路に沿って安酒場の前を歩いてゆくと、すぐにラブホが集まるネオン街に突入する。細い路地が右へ左へ入り組んで、その中に無数のラブホテルがひしめいて。少し先を歩いている男女は、カップルなのかそれとも果たして……。無粋な想像をするのはやめておこう。

夜になれば、鶯谷駅のホームからも煌めくラブホのネオンが見える。ホームどころか、京浜東北線の車窓からもはっきりと。さながら、上野の後背地の歓楽街。巨大ターミナルの繁華街の周囲には、ラブホテル街はつきものだ。鶯谷のそれもまた、同じような類いのものなのだろうか。

ラブホテル街は、東京都心にも他に新宿歌舞伎町や渋谷円山町、また池袋駅の北口などあちこちに点在している。どれも巨大ターミナルとその繁華街とセットで、歓楽街と隣り合っている。高速道路のインターチェンジの周辺にもラブホテルが集まる一角があるが、それとは違う性質のものだ。インターチェンジのラブホテルは、クルマの通行量も多く騒音もあり、一般的な商業施設やマンションなどにはそぐわない。かといって、クルマ通りが多いから集客力はそれなりに。そこで、手っ取り早く収益を上げるためにラブホテルがうってつけ。だいたいは、地元の人が土地を所有し、ラブホ運営会社に貸しているケースが多いようだ。

一方で、繁華街のラブホテルの成り立ちは違う。いわゆる、〝連れ込み旅館〟が発祥であることが多い。

鶯谷も例外ではなく、もともとは上野駅近くの簡易宿泊所がルーツだという。戦後、焼け野原になっていた鶯谷駅北口一帯に、無数の簡易宿泊所が現れた。上野駅には東北方面から職を求めてやってくる人も多く、また戦地や外地から引き揚げてきた人たちも集まった。まだまだ戦後の混乱期のことである。鶯谷の簡易宿泊所は、彼らが寝泊まりする施設として登場したのがはじまりだ。

その後、混乱が落ち着いて世情が安定してくると、集団就職などで上京してきた人たちのための宿泊所として活用される。集団就職も時代ごとに落ち着いてきて、今度は連れ込み旅館に形を変える。そうして、それがそのままラブホテルへと発展していったというわけだ。

だいたい、ラブホテルを使う人は人目を忍ぶ。普通のカップルや夫婦ならば、わざわざラブホテルを使う必然性に乏しい。ということは、大手を振れない関係か、はたまた風俗か。だから、ラブホテル街は風俗街と隣接し、また一体化していることが少なくない。

ところが、鶯谷には風俗店は一軒もないそうだ。もちろんデリバリーの店が鶯谷を名乗ることはあるけれど、店舗型の風俗店はひとつもない。上野駅に集まってきた人たちのための簡易宿泊所からはじまったという、そういう成り立ちの背景が、〝健全なラブホ街〟を形作ってきたのである。

鶯谷駅北口。細い路地に面しており、中央の路地の先にはラブホ街

　ラブホテル街の中を歩いて言問通りに抜けて、また跨線橋を渡って鶯谷駅の南口に戻ってきた。跨線橋から駅のホームを見下ろすと、たくさんの線路の脇にラブホテルがひしめいているのがよく見える。反対に、上野駅方面を見ると、大ターミナルから崖下を通って電車が次々にやってくる。日中、鶯谷駅には京浜東北線は停車しない。快速の通過駅になっているからだ。

　上野公園、寛永寺。聖なる地・上野の山から崖の下を見下ろすと、そこは俗世界の極みのラブホ街。どちらがいいとか悪いとか、風紀の善し悪しだとか、そういうことではない。鶯谷駅は、人間の営みの中にあって、聖と俗はいつも隣り合わせということを、教えてくれる。これほどに聖俗のコントラストが際立つ駅は、他にない。

JK
32
日暮里駅
——常磐線と京成電車

鶯谷駅から日暮里駅に向かう途中で、京浜東北線を含めたJRの線路の上を、京成の線路が跨いでゆく。京成線のターミナルは上野公園の地下にある京成上野駅。そこから公園敷地内の地下を通って寛永寺の北西で地上に顔を出す。そのままJRの線路を跨ぎ、並走して日暮里駅へと滑り込む。日暮里駅は、JR線と京成線が接続する駅のひとつだ。

東京都心をぐるりと環状に回っている山手線は、新宿や渋谷、池袋など、多くの駅で郊外に伸びる私鉄路線と接続している。それこそが山手線の存在意義といっていいくらい、郊外路線のターミナルが並んでいる。ところが、東側だけを山手線と共有している京浜東北線はどうだろうか。実は、郊外への私鉄と接続しているターミナルは、日暮里駅の京成線と品川駅の京急線だけだ(秋葉原駅のつくばエクスプレスを含める手もあるだろう)。

すなわち、東京は東ではなく西へと拡大していった

JR線と京成線の乗り換え連絡通路も設けられている

ということの現れなのだが、それはまた別のお話。いずれにしても、日暮里駅は数少ない（というか京急は南に向かうので、唯一の）東側への郊外私鉄のターミナルということになる。

京成線は、日暮里駅でＪＲ線と接続すると、すぐに急カーブ。新三河島や町屋などを経て、隅田川を渡って東を目指す。そして日暮里駅ではもうひとつ、ＪＲ常磐線も郊外へ。こちらも京成線と同じように日暮里駅の先でカーブして、こちらは三河島から南千住一帯を経て隅田川を渡り、北千住へと向かって走る。京成線と常磐線、そして京浜東北・山手線。日暮里・舎人ライナーという新交通システムも加え、日暮里駅は実は相当な規模の要衝なのである。

ところが、どうだ。ＪＲ線で日暮里駅に乗り入れているのは、京浜東北・山手線の他には常磐線だけだ。同じところを宇都宮線・高崎線（東北本線）の線路も走っているというのに、そちらにはホームがない。ただ通り過ぎてゆくだけだ。宇都宮線・高崎線は、日暮里駅の構内で支線に分かれ、尾久経由で赤羽方面に向かう。だから、日暮里駅にはホームがないのだという。

宇都宮線・高崎線方面からやってくる人が成田空港などを目指して日暮里駅で乗り継ごうと思ったとき、わざわざ赤羽駅かどこかで京浜東北線に乗り換えなければならない、ということになる。もしくは上野駅から少し戻るか京成上野駅まで歩くか。いずれにしても、ちょっと不便ではなかろうか、と思うのだ。

日暮里駅が郊外路線と交差する要衝のターミナルなのに、池袋や新宿、渋谷などと比べてやや陰が薄いのは、そうした事情が関係しているのではなかろうか。個人的には日暮里駅を使う機会に乏しいので、いつか地元の人に意見を聞いてみたいと思っている。

壮大なターミナルだというにもかかわらず、これといった駅舎を持っているわけではないのも、日暮里駅の弱点だろうか。ＪＲ日暮里駅の出入口は、北と南にひとつずつ。北側は改札内に広い橋上のコンコースと京成線との間の連絡改札が設けられていて、メインの出入口のようだ。ただし、改札を抜けて外に出ると、下御隠殿橋という跨線橋に出るだけで、他のターミナルのような立派な駅ビルは持っていない。

下御隠殿橋に面する日暮里駅の出入口。その上を通っているのは京成線だ

　もうひとつの出入口は、もっとだ。三角屋根の小さな駅舎が、跨線橋の真ん中にぽつん。出入りする人はそこそこ多いけれど、一〇万人の乗車人員がいるターミナルの出入口というには、あまりにも小規模だ。日暮里駅は、あくまでも乗り換えのターミナル。そういう位置づけであることを物語っている。

　ただし、駅の周りが閑散としているかというと、そういうことはまったくない。

　ＪＲの駅舎から京成線を挟んだ東口には、太田道灌の騎馬武者像が鎮座する駅前広場。その脇からは、まっすぐ東に延びる大通りが続いている。日暮里中央通りといい、道沿いには日暮里の繊維街。日暮里中央通りからさらにその先の裏にっぽり、奥にっぽりと、繊維街の範囲は相当に広い。大正時代、浅草にあった繊維業者が集団で日暮里に移転してきたのがはじまりだという。

　東京には、蔵前のおもちゃ、浅草の履き物、道具街などなど、いくつもの問屋街がある。そのひとつが日暮里の繊維街。多くが台地の下の沖積平野、つまり下町に位置している。下町の賑わいは、問屋街による商いの繁栄によって形作られてきたものなのだ。

日暮里繊維街がある東口とは反対に、西側には何があるのだろうか。下御隠殿橋を西に向かって坂道を下ってゆけば、夕焼けだんだん、谷根千の商店街に続いてゆく。谷中は読んで字の如く、谷の中。一九六〇年代までに暗渠化されて見ることはかなわないが、かつては藍染川という小河川が流れていた。その川が台地を刻んで谷根千の町並みを生み出した。商店街は、藍染川の暗渠の上に整備されたものだ。

日暮里駅は、京成線や常磐線に乗り継がないのならば、駅周辺そのものよりも少し足を伸ばしてこそ、楽しみが見いだせる町なのかもしれない。

JRは京浜東北線と常磐線、他に京成線と日暮里・舎人ライナーが乗り入れる

JK 33 西日暮里駅 ――道灌山から見下ろして

いうまでもなく、京浜東北線はかつて国鉄の路線だった。親方日の丸、天下の国鉄だ。

鉄道ネットワークは、天下の国鉄が中心になって形作られてきた。だから、私鉄は国鉄のターミナルにいかにして乗り入れるかに腐心したし、ときには激しいライバル心を燃やしてお客を奪い合ってきた。いずれにしても、絶えず国鉄が中心に。中には国鉄の駅があとから開業したくせに、先行していた私鉄の駅が駅名を変更させられた例まであるほどだ。京浜東北線にも、京急が先に開業していたのに駅名変更を強いられたエピソードを持つ、新子安という駅がある。

それだけ圧倒的なパワーを持っていたはずの国鉄だから、私鉄をはじめとする同業他社の後塵を拝するなどあろうはずもない……と思ったら、西日暮里駅がそうだった。

京浜東北線の駅は、さいたま新都心駅と高輪ゲートウェイ駅をのぞいて、すべて国鉄時代に開業している生

高架下の西日暮里駅は、出入口も小さい。駅の周りには飲食店などが集中している

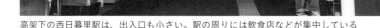

粋の国鉄ターミナルばかり。ところが、西日暮里駅だけは他の路線の都合で生まれたという、誕生の秘話を抱えているのだ。

京浜東北線の西日暮里駅開業は、一九七一（昭和四十六）年四月二十日のことだ。京浜東北線では、高輪ゲートウェイ駅・さいたま新都心駅に次いで新しい（といってももう半世紀以上も前のことですが）。ただ、それよりも一年四か月ほど前の一九六九（昭和四十四）年十二月二十日、営団地下鉄によって西日暮里駅が開業している。西日暮里は、地下鉄先行の駅なのだ。

西日暮里駅に乗り入れる東京メトロ千代田線は、最初から常磐線の複々線化と直通運転を前提に計画された路線だ。常磐線の複々線化は、いわゆる通勤五方面作戦、悪化するばかりの首都圏の通勤路線の輸送力増強を目的として、一九六〇年代から進められた。赤字に陥った国鉄が、身を切るようにして輸送力をアップさせ、いまでも大いに役立っている一大プロジェクト。千代田線もこのプロジェクトの一環だった。常磐線は綾瀬〜我孫子間で複々線化（のちに取手駅まで拡大）し、千代田線と直通運転。都市部にあって複々線化が難しかった綾瀬以西は地下に潜り、千代田線がその代わりを担うという形であった。

そうしたわけだから、千代田線はどこかで京浜東北・山手線のターミナルと接続しなければならない。王道は、常磐線が分岐する日暮里駅だ。実際に、はじめは日暮里駅の地下にホームを設ける計画もあったという。

しかし、日暮里駅は線路の上の人工地盤に駅舎がある構造であり、新たに駅周辺に大きな土地を確保しなければならないというハードルもあった。地下鉄と京浜東北・山手線との接続にはふわしくない。そこで、日暮里駅の西側、道灌山通りの地下に乗り入れる案が浮上する。そうして京浜東北・山手線との交差地点に駅が生まれた。現在の西日暮里駅である（地下鉄の西日暮里駅から日暮里駅まで連絡通路を介して結ぶ案もあったという)。

営団地下鉄は、西日暮里案を国鉄に持ちかけて、国鉄側でも新駅を設置するよう要請した。赤字に苦しんでいる国鉄が新駅設置を受け入れないのでは、という不安もあったようだ。ただ、もとはといえば国鉄の混雑緩和が目的の地下鉄路線。いくら国鉄が赤字に塗れていても、ノーとはいえない。そうして地下鉄から一年以上遅れて、国鉄の西日暮里駅も開業したというわけだ。

ちなみに、千代田線を介する常磐線各駅停車と京浜東北・山手線との乗り換えは西日暮里駅になる。いっぽうで、常磐線快速ならば、従来通り上野駅まで直通してくれる。常磐線各駅停車の駅(たとえば亀有、金町など)の人々にとっては、余計な乗り換えの手間を強いられる。そういうわけで、「迷惑乗り入れ」などと揶揄されたこともあった。運賃が余計にかかるということで、最近まで裁判をやっていたくらいだから、地域の人々にとってはなかなか深刻な問題なのだろう。

ともあれ、開業から半世紀以上が経って、すっかり京浜東北・山手線の駅のひとつとして定着した感のある西日暮里駅である。京浜東北・山手線の高架ホームから高架下に降り、人の流れに乗ったまま進んでゆくと、千代田線との乗換改札に導かれてしまう。このあたりも、乗り換えのための駅として生まれた西日暮里駅ならではだ。

人の流れに抗って、高架下の改札を抜けて西日暮里駅の外に

駅の北側で日暮里・舎人ライナーが北に急カーブ

出る。駅前の道は、道灌山通り。高架の脇の高台は、山手台地ではいちばん標高が高いという道灌山だ。古くは太田道灌が出城を築き、見晴らしの良さから江戸時代には景勝地として名を馳せた。秋には道灌山に登って月を眺め、鈴虫や松虫が鳴くのを聞くのが風流だったとか。令和のいまになぞらえれば、マクドナルドの月見バーガーのようなものか。いや、それはあまりに無粋だろうか。少なくとも、いまの道灌山も東京の下町、沖積平野を見下ろせる絶景の高台である。

道灌山への坂道を登る途中から、西日暮里駅方面を。道灌山は山手台地で最高峰

そんな道灌山の西側には、東京の私立御三家の一角として知られる中高一貫の進学校、開成中学・高等学校がある。ずいぶん前のことだが、開成高校の文化祭を取材で訪れたことがある。鉄道研究会の取材だった。どのような展示だったのか、詳細までは覚えていない。記憶に残っているのは、ただ鉄道が好きという情熱が先行しているだけではなく、訪れた人を楽しませるような工夫に満ちていたことだ。オトナ顔負けの視野の広さも相まって、さすが開成だと思ったものだ。

開成高校は、もちろん西日暮里駅が開業する以前から道灌山にあった。西日暮里駅の開業は、開成に通う子どもたちにとっては大いにありがたかったに違いない。岸田文雄前首相が開成高校に入学したのは一九七三（昭和四十八）年。国鉄の西日暮里駅が開業してから二年後のことだ。岸田さんも、西日暮里駅開業の恩恵を受けた人のひとりかもしれない。

JK 34

田端駅

――東京ではいちばんの〝鉄道の町〟

ちょうど西日暮里駅のあたりで、いわゆる〝列車線〟にあたる宇都宮線・高崎線の線路は京浜東北線から離れて尾久経由の支線に分かれてゆく。だから、田端駅にやってくるのは京浜東北線と山手線だけだ。それどころか、地下鉄も私鉄も田端駅には乗り入れない。徒歩圏内にもほかの駅はなく、一日平均の乗車人員も四万人に満たない。田端駅は、山手線と並走している区間に限れば鶯谷駅・高輪ゲートウェイ駅に次いで小さいといっていい。

けれど、田端は揺らぐことのない「鉄道の町」だ。

それは、駅を降りればすぐにわかる。駅舎を抜けて駅前広場の先の田端ふれあい橋。そこから橋の下を見下ろすと、無数の線路がギッシリと並んでいる。傍らにはふれあい橋の真上を通ってゆく新幹線の高架橋。見晴らしがいいから、遠くから高さとスピードを上げながら走ってくる新幹線の様子もちらりと見える。

眼下に広がる線路の先は、田端信号場。その奥には

田端駅の先で京浜東北線は山手線と分かれる。写真は山手線。奥には新幹線の高架が見える

尾久車両センターも控えている。宇都宮線や高崎線といった中距離電車の車両が眠る車両基地だ。さらに、東京新幹線車両センターもあって、ありとあらゆる車両が田端の町に集まってくる。傍らにはＪＲ東日本東京支社のビルが立ち聳え、鉄道の町・田端を見下ろしている。

田端駅前には新田端大橋が通る。左奥にはJR東日本東京支社

駅前で線路を跨ぐ田端ふれあい橋の上にも、新幹線の連結器カバーや二〇〇系の車輪、東北本線の四〇キロレールとポイントリバーが展示されている。さらに橋から降りる階段の手すりには、山手線の駅名があしらわれていたり、まあとにかく鉄道の町。そうした駅で、京浜東北線はついに山手線と分かれて単独区間に入ってゆく。

田端ふれあい橋は、もともとこの地に架かっていた田端大橋を歩道と車道に分離して生まれた歩道橋。車道側は新田端大橋という。旧田端大橋は一九三五（昭和十）年に架けられた歴史の古い橋だ。なんでも、当時の造船技術を活用し、全溶接橋として建設されたのだという。全溶接の橋は、田端大橋が東洋では初めての例だった。時代が時代だけに、太平洋戦争にかり出された空母や大和、武蔵といった戦艦と同じ技術が使われていたのかもしれない。鉄道の町は、造船の技術でも支えられていた。

そんな田端ふれあい橋は、田端駅の北口に面している。

東京駅を出てからというもの、京浜東北線はほとんどまとまな駅前広場を持っていなかった。歴史的なターミナルの上野駅、あとは貨物駅や青果市場といった再開発の余地のあった秋葉原駅くらいだ。それどころか、駅舎すらあるような、ないような。

さすが天下のＪＲ、と言いたくなるような駅ビルは見当たらず、改札を出たらすぐに生活道路、みたいな駅が続いていた。高架か堀割でどこも周囲が住宅密集地か台地のへりの崖という状況に加え、他路線との交わりもあるのだから仕方がない。が、お客の数に比してやや窮屈な面は否めない。

その点、田端駅は違う。線路の上の人工路盤の上に、立派な駅舎が設えられている。その中には、アトレヴィが入っている。テナントはスーパーの成城石井、コーヒーのスターバックス、ドラッグストアのトモズ、あとは東京純豆腐。

規模が小さいから店舗の数も少ないが、三階建てのちゃんとした駅ビルだ。京浜東北線と山手線しか入っていないのに。というか、乗り入れ路線が少ないから、駅ビルを建てることができたという側面もあるのだろうか。現在の田端駅北口駅舎が全面開業したのは、二〇〇八（平成二十）年のことである。

田端駅には、このふれあい橋に面する駅舎のほかに、もうひとつの出入口がある。ホームの南側で階段を登った先の、小さな駅舎だ。改札の向こうは台地の上。駅ビルがあってふれあい橋も人通りの絶えない北口とは違い、利用する人も少ない〝裏口〟といった雰囲気が漂う。

駅舎を出てからも、急な坂を登って崖上の住宅地へと続いてゆく。駅の周りには飲食店はおろかコンビニもなく、崖下とはうって変わって静かな町だ。その中を、少し北に歩いてゆくと、ふれあい橋を見下ろす陸橋を渡り、田端文士村記念館を横目に小さな商店街。昭和の空気がまだまだ濃厚で、それでいて賑やかすぎるわけでもないという、そういう素朴な商店街だ。

この町に芥川龍之介や菊池寛、平塚らいてうらが暮らしていた。崖の上、つまり山手。下町の沖積平野を見下ろす空間が、彼らには魅力的だったのだろうか。スカイツリーも東京タワーもない時代の話である。

田端駅西側の高台は、二〇一九(令和元)年に公開された映画『天気の子』の中で重要な役割を果たす町だ。少しだけネタバレをしてしまうと、ヒロインで〝晴れ女〟の天野陽菜が暮らす町。映画の最後の場面では、田端駅南口の駅前から下町を見下ろしている。そのときの下町がどんな様子だったのかはさすがに明かせないが、東京という町の成り立ちを象徴するような、そういうシーンだ。

天野陽菜も暮らした、そして芥川龍之介も暮らした田端の高台。そこには、鉄道の町としての喧噪はほとんど伝わってこない。

田端駅南口は喧噪とは無縁の小さくも静かな駅舎。急坂に続いている

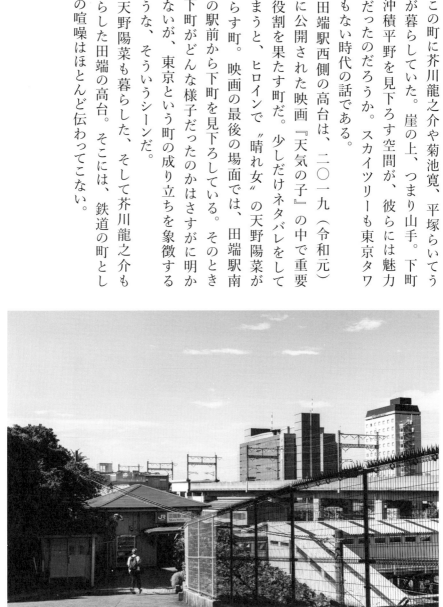

JK 35 上中里駅

――京浜東北線〝最小〟の駅

都心の真ん中では、京浜東北線はずっと山手線と仲良く並んで走ってきた。その間、京浜東北線には快速運転という特徴はあるにせよ、本質的な役割はどちらも変わらない。東海道本線・東北本線の〝電車線〟だ。どちらも走っているのは電車なので、電車線も列車線もへったくれもないのだが、雑な言い方をすれば電車線は各駅停車。その各駅停車にあっても京浜東北線が快速運転をしていて、山手線ともども一日中お客が絶えないあたり、首都圏の鉄道利用の多さを物語っている。

ホームに立って、快速の京浜東北線か、それとも先に来た山手線か、どちらの方が速いのだろうと考えたことがある人は少なくないはずだ。はたまた、乗っている電車と並んでいる相手のほうが速いとか遅いとかでやきもきしたり。実のところ、快速でも各駅停車でもそれほど到着時間は変わらないから、先に来たほうに乗るのが正解である。

京浜東北・根岸線で最も利用者の少ない上中里駅

などといったところで、田端駅を出たら山手線とはサヨウナラ。すぐ脇には東京新幹線車両センターがあり、その奥には田端信号場や尾久車両センターが広がっているから実感しにくいが、実は田端～王子間は京浜東北線の単独走区間なのである。湘南新宿ラインが並んでいる区間もあるが、とにかく田端～王子間にある上中里駅だけは、純然たる京浜東北線だけの駅といっていい。

上中里駅は、あいもかわらず西側は崖になっていて、駅の東側は新幹線の車両基地。出入口は一か所だけで、ホームの南端から階段を登った崖の上に小さな駅舎。その脇からは京浜東北線の線路を跨いで新幹線の高架をくぐり、尾久支線との間に挟まれた一角に出る跨線橋。他には、とりたて何があるわけでもないような、実に小さい駅だ。

駅前のロータリーの前には、一階にマルエツプチが入ったマンションが建ち、その脇からは上り坂。蝉坂という名のその坂を登ってゆくと、平塚神社が鎮座する。八幡太郎・源義家らを祀る武家の神社だ。平塚神社の前を通っているのは、都道四五五号線、旧日光例幣使街道である。例幣使街道を跨いだ南側には古河庭園、北に辿れば国立印刷局や渋沢史料館、飛鳥山公園が広がる。ここまで行けば、もうお隣の王子駅の駅勢圏だ。例幣使街道の地下には東京メトロ南北線が通っていて、西ケ原駅もすぐ近く。この一帯は、現在は北区の一部になっている、かつての「滝野川区」の中心地である。

こうして駅の周りを歩くと、駅前こそ崖っぷちで何もないけれど、坂を登った先にはあれやこれやとそれなりに充実している。観光スポットもあるし、住宅地も広がる。病院や工場もあるから、このあたりで働いている人も少なくはなかろう。

ところが、上中里駅はお客が少ない。二〇二三（令和五）年度の一日平均乗車人員は、六八九五人。これは、京浜東北線・根岸線を合わせてもいちばん少ない。ブービーは高輪ゲートウェイ駅で約一万一〇〇〇人。根岸線最小は山手駅だが、一万六〇〇〇人を超えている。東京都内で一万人以下の駅は他にあるのか（調べてみると、越中島駅が上中里駅より少ない六八九五人でした）。とにかくそれくらい、上中里駅はお客が少ない。

　ついでに言うと、すぐ近くにある東京メトロ南北線の西ケ原駅のお客も少ない。一日平均の乗降人員で八七三五人。東京メトロ全駅でも最小だ。いったい、上中里駅や西ケ原駅周辺、つまりかつての滝野川区はどうなっているのだろうか。周りにはマンションもあれば病院もあればオフィスもある。なのに、お客が少ない。単独でひとつだけお客が少ない駅はあるかもしれないが、複数の駅に跨がってお客が少ないのは、東京都内でもここだけではなかろうか。まるで、大都会の中のエアポケットのようだ。

上中里駅前からは平塚神社の脇を登る蝉坂が続く

　いったいどうしてなのだろう。気になったので、蝉坂をえっちらおっちら登っていた地元のおばあちゃんに聞いてみた。が、首をかしげるばかりで答えはない。まあ、そりゃあそんなものですよね。

　近くには王子駅や駒込駅もあって、場所によってはどこも徒歩圏内だ。ただ、いずれも上中里駅や西ケ原駅と比べて乗り入れ路線が多いわけでもなく、わざわざ遠回りをしてまでそちらの駅を使うメリットは少ないように思える。こうしてナゾは深まるばかりだ。

　といっても、ナゾをナゾのまま終わらせてしまっては無責任に過ぎる。ということで、一〇〇パーセント憶測の答えを導いてみたい。

人が集まる駅は、たくさんの人が集まって町が賑わい、そうしてまた人が人を呼んで市街地が規模を拡大してゆくものだ。大ターミナルはおしなべてそうした歴史を辿ってきた。王子駅や駒込駅には、そうした要素があるのだろう。だから、数分くらいならば足を伸ばしてそちらを使う。帰宅途中に駅前の酒場で一杯ひっかけたり、何かしら買い物をしたりという寄り道もすることができる。

いっぽうで、上中里駅や西ケ原駅は、もはや純粋な鉄道駅としての機能しか持たない。人が人を呼ぶような、そういう存在ではないということなのだ。そう考えれば、人が大きな駅のほうを選ぶのもムリないように思えてくる。

ただし、上中里駅は地元の人にとっては待望の新駅。昭和初期に地元の人たちの陳情で開業しており、そのときには駅舎や通路などの駅用地を地元で買収し、国鉄に寄付したという。お客が少なかろうが多かろうが、いつも利用している人たちにとっては特別な、大切な駅なのである。

線路沿い、上中里駅近くの崖上から。新幹線の高架の下には東京新幹線車両センター

JK 36

王子駅——紙が生まれた日

北区に住んでいる人に言わせると、北区の中心は王子なのか、それとも赤羽なのかという論争があるらしい。

お客の数でいうならば、一日平均の乗車人員が九万人を超えている赤羽駅に軍配が上がる。王子駅は、五万七〇〇〇人弱だ。赤羽駅には京浜東北線だけでなく、埼京線や宇都宮線、高崎線まで乗り入れていて、ターミナルとしての規模は明確に赤羽のほうが大きい。

いっぽうの王子駅。なにしろ、王子には北区の区役所がある。飛鳥山公園がある。渋沢栄一が住んでいた。大河ドラマで渋沢栄一が取りあげられたときは、王子の人たち、さぞかし溜飲を下げたにちがいない。

まあ、そういう外形的なところでどちらが中心だとかを外野がとやかくいうのはおかしな話。とにもかくにも、まずは町を歩いてみなければならない。

上中里駅を出ると、京浜東北線は左手に飛鳥山公園を見ながら走る。というよりは、飛鳥山の崖っぷちに沿って走るというほうが正しいだろうか。

王子駅の北改札を出ると、写真の駅前広場に。奥には「北とぴあ」

王子駅は島式ホーム一面二線。出入口は北・中央・南の三か所に設けられている。改札の名前からすれば、中央改札がメインのように感じられる。ただ、実際に駅前広場に面しているのは北口改札だ。中央改札を出ると、そのまま明治通りの高架下。すぐ脇には都電荒川線の王子駅前停留所がある。王子駅で都電に乗り換えるならば中央改札を使うべし、ということなのだろう。

いずれにしても、どの改札口も規模は小さく、自動改札機の数も少ない。駅を降りたお客が三か所の改札に分散するから、その程度でも問題ないということか。

駅前広場に立って、まず目に留まるのは北とぴあ。高さ八八メートルの高層ビルで、プラネタリウムやホールなどが入った北区の文化施設だ。直下に京浜東北線や新幹線が通っていて、展望台から見下ろすことができる。新幹線を真上から見られる場所はそれほど多くなく、ちょっとした撮影スポットにもなっているという。

そんな北とぴあが聳える王子駅前。駅前広場から北に延びる北本通りは、王子の町のメインストリートだ。さらに駅前広場の南を通る明治通り。その向こう側には、線路沿いに都電荒川線が走り、石神井川が流れる。脇には昭和の面影が感じられる雑居ビル。屋上にボウリングのピンが飾られているから、どうやらボウリング場になっている。さらに奥にはゴルフの打ちっぱなしもあって、ちょっとしたレジャースポットだ。この一帯は「サンスクエア」というらしい。

石神井川は、京浜東北線の高架下の明治通りを暗渠で渡って駅の西から東へと流れている。上流方面の西側に目を向ければ、王子神社の目の前を回り込むようにしてさかのぼる。北区役所があるのは、ちょうど王子神社のすぐ隣だ。

飛鳥山公園の脇を通る明治通りは、この区間だけ都電荒川線が併用軌道。クルマ通りも人通りも多く、そこに都電荒川線が入ってくる。路面電車に慣れていないドライバーがこのあたりに迷い込んだら、目の前を平然と走る路面電車に戸惑ってしまうのではないか、などと余計な心配もしてしまう。

そして、王子の町といったらやっぱり何はなくとも飛鳥山公園である。

江戸時代の半ばから桜の名所として名を馳せて、江戸庶民の行楽の場として親しまれてきた。近隣には料亭・扇屋や王子村の名主によって築かれた名主の滝などの名所が並び、明治のはじめには、上野公園・芝公園・浅草公園・深川公園とともに、日本で初めての公園に指定されている。

飛鳥山公園は、渋沢栄一が邸宅を構えた地としても知られる。渋沢が飛鳥山公園からの眺望を気に入って、一九〇一（明治三十四）年には約八五〇〇坪の広大な自宅を建設している。

当代きっての実業家・渋沢栄一。自らが望めば、いくらでも超一等地に住まいを得ることができただろう。それがなぜ、いくら江戸期以来の行楽地とはいえ、都心から離れた飛鳥山を選んだのだろうか。そこには、王子の町の工業地帯としての成り立ちが大きく関わっている。

王子駅前広場。左手からは北本通りが伸びていて、王子の中心市街地を構成する

●王子駅北側の廃線跡へ

長らく江戸近郊の行楽地だった王子は、明治時代に入ると急速に工業化が進んでいった。一八七三（明治六）年、渋沢らが中心となって抄紙会社が設立される。同社は、千川用水の分水用水路や石神井川が流れる王子に工場を置く。製紙に不可欠な良質な水の確保と舟運を両立できることがメリット

だった。抄紙会社の工場は一八七五（明治八）年から操業を開始。製紙会社への改称を経て、一八九三（明治二十六）年からは王子製紙になった。日本で初めての、洋紙製造会社であった。

王子製紙の工場は、サンスクエアと呼ばれる一帯にあった。飛鳥山の麓、工場ができたときにはまだ鉄道は通っていない。いまも、サンスクエアの中には「洋紙発祥之地」の記念碑が建っている。渋沢は、この王子の工場を視察したときに、飛鳥山の眺望に魅せられた、というわけだ。

王子製紙は、その後もみるみる規模を拡大してゆく。一九一〇（明治四十三）年には、王子駅北側の十条で郵便葉書の印刷などを行っていた印刷局抄紙部の十條分工場を買収。これを十條工場（のち十条工場）に改めた。全国各地の製紙工場を買収し、一九三三（昭和八）年には富士製紙と樺太工業を合併、国内の紙生産量の八割を占めるほどの寡占企業になってゆく。

終戦後、王子製紙は財閥解体の対象になって、一九四九（昭和二十四）年に十條製紙・本州製紙・苫小牧製紙に分割。王子の工場群は、そのまま十條製紙に引き継がれていった。

ちなみに、現在の王子製紙は苫小牧製紙が改称したものだ。十條製紙は現在では日本製紙という。つまり、王子にはない王子製紙。このあたりは門外漢にはわかりにくいのだが、京王井の頭線が小田急で始まり東急に入り、戦後に京王になった、みたいな流れをイメージしてもらえればいいのではないかと思う。戦前から戦後にかけての企業の合従連衡は、なかな

新幹線の高架が真上を走る京浜東北線。線路沿いの遠く奥には北とぴあが見える

か複雑なのである。

また、洋紙製造発祥地であった王子工場は空襲によって失われ、そのまま復活することはなく、一九七二（昭和四十七）年にサンスクエアとしてオープンしている。いまも日本製紙グループの商業施設である。

王子が製紙の町になったのは、石神井川の舟運に恵まれていたという点が大きい。鉄道が開業する以前から、すでに工業地帯、それも天下の渋沢栄一が率いる製紙工場を中心とした町になっていた。一八八三（明治十六）年には、日本鉄道の上野～熊谷間が開業する。王子には、その時から駅が設けられている。同時に開業した駅は、他に上野・浦和・上尾・鴻巣・熊谷だけだ。つまり、東北本線では最も古い駅、国内の私鉄路線で最も古い駅ということになる。まだ大宮も、そしてライバルの赤羽も開業していない。きっと、すでに製紙工場があったから、製品や原料の輸送を鉄道で、と意図したのだろう。また、渋沢は日本鉄道の設立理事にも名を連ねており、いくらかは我田引鉄の向きもあったのかもしれない。

一九二七（昭和二）年には、王子駅（正確には田端信号場）から十条工場に向かう貨物線（北王子線）が開業している。途中で東に分岐して陸軍造兵廠豊島貯弾場に向かう須賀線も有し、工業都市・王子のシンボルのような貨物路線だった。

この貨物路線、相当に息が長い。一九七三（昭和四十八）年に十条工場は操業を停止し、跡地

王子駅前のサンスクエア。王子製紙の工場の跡地だ

は公団の団地に生まれ変わる。ただ、工場用地の一部は倉庫として残っており、貨物線は営業を続けた（須賀線はいち早く一九七一年に廃止されている）。十條製紙は一九九三（平成五）年に山陽国策パルプと合併して日本製紙になるが、それからも王子の貨物線は走り続ける。廃止されたのは、二〇一四（平成二十六）年のことだ。十条工場の倉庫跡地には、巨大なマンションが建っている。

王子駅から十条製紙の工場へ向かった貨物線。いまはフェンスに囲われた廃線跡として残る

　都心を走っていた貨物専用線は、一九九〇年前後までにほとんどが廃止されている。そうした中で、王子にはほんの十年前まで貨物列車が走っていた。だから、いまもその痕跡は色濃く残っている。王子駅の北東側を歩くと、フェンスに囲われた、いかにも廃線跡といった趣の空き地が続く。町行く人が目にとめるようなことはほとんどないけれど、確かに工業都市・王子の痕跡である。

　飛鳥山公園に代表される、江戸郊外の行楽地だった王子の町。時代を経て、近代には東京近郊という立地の良さも相まって工業地帯に生まれ変わった。王子に駅が生まれ、北区を代表するターミナルになったのは、こうした工場のおかげだ。そして、いまでは工場が消えてベッドタウンへ。東京の郊外の、典型的な歩みを辿ってきた王子の町。王子駅は、そうした歴史を抱えているターミナルなのだ。

JK 37

東十条駅 ──急坂の商店街

東十条駅は、線路と線路に挟まれた崖の下にホームを持つ。東側には、京浜東北線のホームにピタリとくっつくようにして東北新幹線の高架が通る。その奥には京浜東北線の留置線。一九三二（昭和七）年に電化区間が大宮駅に達したことで、京浜線は大宮駅まで走るようになった。京浜東北線の〝完成〟である。東十条駅脇の留置線は、そのタイミングで下十条電車区として設けられた。のちに下十条運転区となって二〇一六（平成二十八）年には廃止されてしまったが、いまも留置線として使われている、というわけだ。

西側は、宇都宮線や高崎線、つまり〝列車線〟の線路が通っている。こちらのほうが活気はあるが、すぐそばに崖が迫っているから、どことなく圧迫感も覚える。東十条駅の西側は、崖の上の町である。

出入口は、ホームの北と南にひとつずつ。どちらも階段を登って線路上の跨線橋に設けられた駅舎に通じている。お客の数がそれほど多くない駅だから、どち

東十条駅北口。跨線橋の真ん中に設けられた出入口

らも小さな駅舎だ。

手始めに、北側の改札を抜けてみた。右手に進むと、そのまま跨線橋で留置線を跨ぎ、崖下の低地の町に続いてゆく。東十条商店街が伸びていて、駅の周りは下町らしい活気に満ちている。ところが、反対の崖に出ようとしたらどうだろう。跨線橋から細い階段を登って、その先の細い路地を歩き、ようやく大きな道路にたどり着く。階段の脇や路地沿いには小さなお店が軒を並べ、中をのぞくとどこもそれなりにお客が入っているようだ。この駅前の狭いエリアに小さな店がひしめく風景は、天下のＪＲ、元国鉄の駅とは思えない。むしろ、各駅停車しか停まらない小さな私鉄の駅前のよう。なかなか東十条という駅は、個性的な駅であるようだ。

では、反対の南口はどうだろう。

改札を抜けるとクルマも通れる跨線橋に通じている。だから比較的広々としていて、駅の東西を行き来するならばこちらのほうが便利そう。この南口を出て、東に下ってゆけば東十条商店街の町へと続いてゆくし、西に向かうと旧例幣使街道（岩槻街道）方面へ。その先は、演芸場通りという名前になって、埼京線の十条駅方面に続いてゆく。

演芸場通りの名は、道沿いにある篠原演芸場にちなんだものだ。一九五一（昭和二十六）年に開業した大衆演劇の劇場で、旅芸人の一座なども舞台に上がるような、そういう庶民的な演芸場だ。いまでも大衆演芸の聖地のひとつになっているという。

埼京線の十条駅の西側は、ちょっとした繁華街になっている。十条銀座商店街が通っていて、実に庶民的、それでいて活気があって、崖上だから下町ではないけれど、下町の雰囲気も漂う街並みだ。大通りといえるのは岩槻街道くらいで、他はほとんどがクルマ一台が通れるかどうかという路地ばかりというのも、そうした町の雰囲気を形作っている。

「十条」という名を持つ町の範囲はかなり広い。そうした中でも、十条の中心的なターミナルはどこかというと、東十条駅よりは埼京線の十条駅になっている。駅が開業したのも十条駅が先行していて、一九一〇（明治四十三）年のことだ。東十条駅はそれから遅れること約二十年、一九三一（昭和六）年になってから。当時は下十条駅の名で開業している。

古く、十条一帯の町並みは、だいたいが田園地帯であった。岩槻街道沿いに小さな集落が並んでいる程度だったという。だからなのか、埼京線（赤羽線）も東北本線（京浜東北線）も、開業時点では駅が置かれていない。

赤羽線に十条駅が先行して開業すると、その周辺に市街地が形作られてゆく。そして、関東大震災を契機に、比較的被害が少なかった十条一帯が住宅地として急速に発展していった。これが現在の十条一帯の町並みのはじまりといっていい。

ただ、十条駅だけでは通じている先が池袋。まだ埼京線という呼び方はなく、赤羽線として池袋と

岩槻街道から細い路地を入った先に、東十条駅北口がある

赤羽を結んでいただけの時代だ。都心に出るためには、池袋から山手線に乗り換えて。それではいささか不便である、ということで十条の人々は鉄道省に陳情を繰り返す。そうしてようやく成就したのが一九三一（昭和六）年、下十条駅の開業だったというわけだ。

下十条駅が開業すると、崖下の東十条一帯の市街化も進み、現在の姿になっていった。東十条駅に改称したのは一九五七（昭和三十二）年である。東十条駅は、市街化の過程で生まれた、新しい駅なのであった。

変わらずに東北新幹線の高架と並ぶ。東十条駅南口

JK 38 赤羽駅

――なぜ北区最大の繁華街が生まれたのか

王子駅の項で、北区の中心が王子か赤羽か、という話をした。区役所があって、歴史的にも鉄道開業時からの駅を持つ王子。そういうわけでだいぶ王子に肩入れしてしまったが、赤羽はどうなのか。少なくとも、駅周辺の繁華街という点では、圧倒的に赤羽のほうが大規模だ。

赤羽駅は、上野駅以来となる久しぶりの宇都宮線・高崎線との乗り換え駅だ。さらに、池袋方面からは埼京線もやってくる。そうした交通の要衝という点もプラスに作用しているのだろうか。赤羽は、多くの人が集まる北区最大の繁華街のターミナルである。

駅を降りれば、すぐにそんな賑わいを感じ取ることができる。高架の駅舎にはエキュート赤羽、高架下にはビーンズ赤羽という商業施設が入っていて、駅の東西のどちらに出ても立派な駅前広場があって、それを取り囲む商業ビル群。上野や秋葉原といった、これまで通ってきた繁華街のターミナルにも引けを取らない、大規模な市街地が駅の東西に広がっている。

どちらかというと、中心的な繁華街は東口だろうか。

駅前広場の脇から「1番街」のアーチの下をくぐってゆく

赤羽駅東口。赤羽の中心市街地に面している

と、小さな建物が軒を並べる路地の中。そこには無数の居酒屋や飲食店がひしめいている。赤羽は、いわゆる〝せんべろ〟などと呼ばれる安酒場の聖地としてもてはやされたことがあったが、そうした店もこの一角に並んでいる。昼間から営業している店も多く、まだ太陽が高いというのに幸せそうに酒を飲んでいる人の姿も。好き嫌いは別にして、赤羽はなんとなく楽しそうな町だ。

また、駅前の目抜き通りを東に向かい、東本通りを渡った先にはアーケード街も見える。赤羽すずらん通りといい、東京都内でも最大規模のアーケードなのだとか。東本通りからすずらん通りではなく北に向かうと、国道一二二号。その交差点には東京メトロ南北線の赤羽岩淵駅がある。赤羽駅と赤羽岩淵駅は、歩いて一〇～一五分前後といったところか。ちょうど赤羽の繁華街の中を通っての乗り換えになるから、ついつい寄り道をしてしまいそうだ。

赤羽岩淵駅の北は、もう荒川だ。新河岸川を挟んで荒川を渡ると、その向こうは埼玉県川口市。荒川の土手からは、川口市内のタワーマンションが並んでいるのが間近に見える。

荒川は、この赤羽の土手のあたりで隅田川を分けている。分岐地点にはふたつの水門があって、現在使われていない赤水門、旧岩淵水門は一九二四（大正十三）年に完成した。二〇二四（令和六）年には、国の重要文化財にも指定されている。

ともあれ、地下鉄を含めて複数路線が交わっている赤羽の町。そうした周辺環境を理解すれば、赤羽にこれだけの繁華街が広がっているの納得できるだろう。

庶民的な繁華街が広がる東口に対し、西口はどうなっているのだろうか。

こちらの駅前広場も、賑やかさという点においては東口に引けを取らない。駅前広場をイトーヨーカドーなどの商業施設が取り囲む。このあたりも、東口とそっくりだ。ただ、東口には小さな店が集まっている印象があるのに対し、西口はどちらかというと大型施設が中心だ。そして、その駅前のわずかな地域を除くと、すぐに高台へ。京浜東北線の崖沿いの旅は上野駅から赤羽駅まで続くのだが、つまりはここが武蔵野台地北東の端、ということになる。

高台の上は、住宅地だ。

いちばん目立っているのは、URのヌーヴェル赤羽台。団地と言われてイメージするものとは少し違い、真新しい大型マンションといったほうがふさわしい。これは二〇〇〇（平成十二）年以降建て替えが進んでリニューアルしたもので、もともとは一九六二（昭和三十七）年に入居を開始した赤羽台団地という公団団地だ。完成当時、東京二十三区では最大規模の三三七三戸を抱え、入居開始と同時期には小学校も開業している。

赤羽駅東口の駅前広場。大きなロータリーにはバス乗り場。北区内を中心に多くの路線バスが乗り入れる

赤羽台団地に先立つ一九五五（昭和三十）年には、同じ高台の上に都営桐ヶ丘団地も造成されている。戦後の間もない時期に赤羽の西側、高台には広大なベッドタウンが生まれたのだ。

何しろ赤羽は、交通の便が良い。京浜東北線はもちろんのこと、埼京線に宇都宮線、高崎線。京浜東北線を通じて東京都心の東側、たとえば東京駅や上野駅といった地域にも乗り換えナシで行くことができるし、池袋・新宿・渋谷といったターミナルならば埼京線が便利だ。ベッドタウンとしてはあまりに恵まれているといっていい。北区最大の繁華街・赤羽は、崖上の団地をはじめとする住宅地と、崖下と荒川沿いの歓楽街という、ふたつの側面を持って発展してきたのである。

●高台の上は軍都からベッドタウンへ

もともとの赤羽は、一八八三（明治十六）年の上野～熊谷間開業時には駅が設けられたなかったことからも想像できるとおり、それほど大きな町ではなかった。岩槻街道が通り、荒川のほとりには岩淵宿が置かれていた。宿場町なのでそれなりに市街化されていただろうが、少なくとも赤羽駅周辺は農村の面影の方が強かった。駅を設けるほどの町ではなかった、ということだ。

赤羽駅が開業するのは、線路が通ってから遅れること二年、一八八五（明治十八）年のことだ。赤羽に町が生まれたから……ではなく、赤羽線が建設され、東北本線との分岐点となったためだ。

赤羽線の目的は、日本鉄道の路線を品川、ひいては貿易港の横浜に接続することだった。当時は現在の山手線の一部として扱われており（実際に国有化後の一時期には正式に山手線と呼ばれていた）、高崎方面から赤羽を経て新宿経由で品川へ。そこで官設鉄道（東海道本線）に接続するルートを確立した。北関東の生糸を横浜に運ぶためだ。時代が下ってそれが天下の山手線や埼京線になるとは、誰が想像できようか。日本鉄道が「とにかく品川、横浜へ」という思いから建設した路線が、緑の山手線になったのである。

こうして赤羽駅が誕生したのだが、その時点では赤羽が分

奥には見えるアーケードは「赤羽すずらん通り」。その手前では東本通りと交差する

岐点であることには特別な意味はなかったはずだ。むしろ、駅が開業したことによって、周辺の発展がはじまった。赤羽の市街地としての発展の足がかりになったのは、軍事施設だ。

赤羽にやってきた軍事施設のはじまりは、一八七二（明治五）年に赤羽火薬庫が設けられたこと。その後、一八八六（明治十九）年の東京鎮台武器庫（のちの陸軍兵器補給廠）が置かれ、一八九一（明治二十四）年には陸軍被服廠。どちらかというと補給関連、兵站関連の施設が多いのが特徴だが、いずれにしても多くの陸軍関係の施設が赤羽に集まった。これらの軍事施設は主に赤羽駅の西側の高台の上。岩槻街道が通っていて、すでに市街化が始まりつつあった東側ではなく、開発に手がつけられていなかった西側の高台を選んだのだろう。これらの軍事施設に向かっては、赤羽駅から輸送用の専用線も分かれていた。その跡地、いまでは赤羽緑道公園として整備されている。

赤羽駅の東口駅前広場の北側には、小さな飲食店が連なる繁華街ゾーンが広がる

多くの将兵が集まるような軍の町は、軍事施設だけでは完結しない。将兵たちのための飲食街が形成されたり、軍に納入する物資を生産する工場などが集まるようになる。赤羽駅周辺の歓楽街は、そうした飲食街がルーツだ。

さらに、戦後の赤羽には闇市が立つ。東北方面の農業生産地と直結しており、もとより将兵のための飲食街が並ぶ町。これが形を変えたりしながら続いていまの東口歓楽街に発展した。赤羽は、軍事の町として生まれ、高台の軍事施設を背景にして繁華街となった町なのである。

戦後、軍事施設はほとんどが姿を消した。そして、住宅地へと生まれ変わる。赤羽火薬庫は都営桐ヶ丘団地に。被服廠は赤羽台団地、ヌーヴェル赤羽台になった。少し離れた兵器補給廠の跡地は、味の素トレーニングセンターだ。日本代表クラスのトップアスリートがトレーニングをする、最先端のスポーツ施設である。

赤羽の繁華街が、軍事施設を失ってもなお繁栄を保つことができたのは、軍事施設がそのままマンモス団地に変貌したからだ。かつて、赤羽の低地の繁華街にお客を供給した軍事施設は、戦後に至って住宅地に代わり、変わらずに繁華街に人を送り込む。そうして、現在の赤羽が形作られた。

賑やかで、庶民的で、それでいて緑もあって上品さも兼ね備えた赤羽の町。坂道が多いということを除けばいうことなしの、実にバランスの取れた暮らしやすい郊外の町だ。

プリンセス プリンセスの名曲『M』。別れた恋人との思い出を歌ったこの曲は、赤羽の町の景色が背景になっている。これもまた、偏りがなく、落ち着きと猥雑さがちょうどよい感じで入り混じった赤羽だからこそ、曲調とよく馴染んでいるのだろうか。

こちらは赤羽駅の西口。駅周辺にはマンションも目立ち、高台の上は軍都・赤羽の跡だ

JK 39 川口駅　――キューポラのある街

いきなり話がそれるが、日暮里・舎人ライナーの終点、見沼代親水公園駅を訪れたことがある。見沼代親水公園駅は、東京都と埼玉県の都県境に近い駅だ。駅から少し北に歩いて毛長川を渡ると、ほどなく埼玉県。東京都足立区から、埼玉県草加市へ。都県境の産業道路を進むとすぐに草加市から川口市に入る。

東京から埼玉に入ったところで、何が変わるのか。どちらも同じ首都圏の大都会ではなかろうか。そう思っていたのだが、実際は少し違っていた。東京側は、ところどころに田畑が残るのどかで閑静な住宅地。それが、埼玉県内に入ると、急に工業地帯の顔を見せはじめる。さすがにまったくの工業地帯ではないのだが、閑静な住宅地とも違う。倉庫や町工場がいくつか建ち並び、産業道路を走っているクルマも大きなトラックが目立つ。東京近郊の工業地帯としての埼玉県南部。そうした様相が、まだまだ残っている都県境であった。

いまでこそ、埼玉県の東京寄りの一帯は、東京のベ

川口駅東口のペデストリアンデッキ。右手に見えるビルは以前のそごう

ッドタウンになっている。けれど、ほんのひと昔前は、工業地帯だった。都心から同心円状に、郊外には工業地帯があった。東京都内でも、南千住一帯などは完全なる工業地帯だ。それと同じように、ベッドタウン・川口市も東京近郊を代表する工業都市だった。日本を代表する鋳物産業の町、『キューポラのある街』である。

川口の鋳物産業の歴史は、なんと中世にまでさかのぼる。江戸時代には本格化し、人口が急増した江戸の需要を背景に、鍋や釜、鉄瓶などを生産していたという。荒川の舟運、加えて河川敷から砂や粘土などを得られたことで川口の鋳物産業の発展を促したという。

奥に見える赤羽駅の西口には大型マンションが建ち並ぶ

明治に入ると、西洋の技術を導入して川口の鋳物製造はさらに発展し、本格的に工業都市へと成長してゆく。一九三〇年代には日本デイゼルや日本ピストンリングなどの工場が生まれ、戦後も変わらずに発展。一九六四（昭和三十九）年の東京オリンピックの聖火台を製造したのが川口だったというのは、よく知られたエピソードだ。

ちょうど川口の鋳物工場が聖火台を手がけていたころの一九六二（昭和三十七）年、映画『キューポラのある街』が公開される。ヒロインのジュンを演じたのは、当時弱冠十六歳だった吉永小百合。川口市内の鋳物工場で働く職人の娘を演じていた。

仕事中の大けがが原因で働けなくなって解雇されたジュンの

父・辰五郎は、労働組合を通じて会社にかけ合い、補償金を得る。しかし、〝アカの世話になった〟と恥じる辰五郎、その金をすべて酒やオートレースにつぎ込んでしまう。ジュンは高校に通うための学費を稼ぐために四苦八苦して……という物語だ。まだまだ活気に満ちていた頃の、川口の鋳物工場群の様子が描かれている。

川口から鋳物工場が減ったのは、一九六〇年代半ばから。高度経済成長の真っ只中にあって、東京の人口が急増。荒川を挟んで隣り合う川口市はその受け皿となってベッドタウン化が進む。それと入れ替わるように、鋳物工場は数を減らしていった。一九九八（平成十）年に完成したタワーマンション「エルザタワー55」は、高さ一八五・八メートル。当時日本一の高層マンションだった。このエルザタワー、日本ピストンリングの工場の跡地に建てられたマンションだ。

川口駅が開業したのは、一九一〇（明治四十三）年のことである。当時は川口町駅と名乗っている。ただ、駅の場所は鋳物工場が集まっていた岩槻街道沿いからは少し西に離れていた。川口駅東口のペデストリアンデッキから、南東に延びる本町大通りは、岩槻街道沿いの旧市街と駅を結ぶための大通りからはじまっている。川口駅前で最初にできた大通りである。

駅ができたことで、川口の町は徐々に駅に向かって拡大してゆく。鋳物工場の職人たちが飲み食いをするような飲食街も、駅周辺に形成される。そうして少しずつ、川口の町の中心は岩槻街道沿いから川口駅周辺に移っていった。

いまの川口駅に降り立っても、鋳物業で名を馳せていた時代の面影はほとんど感じられない。人口約六〇万、人口増加が続くベッドタウンのターミナルらしい、賑やかな駅前風景だ。

東口に出れば、駅前広場を覆うペデストリアンデッキを商業施設が建ち並ぶ。正面のビルには二〇二一（令和三）年までそごうが入っていたが撤退、現在はリニューアルオープンを待っている。

南側には「キュポ・ラ」という複合ビル。その手前には、鋳物業の町だったことを示す記念オブジェが置かれているキュポ・ラ広場があり、市民の憩いの場になっている。南側には線路に沿って高層マンションが続き、他にも六〇万都市にふさわしい活気のある商業エリア。駅の周りがこれだけ賑やかだというのも、いわゆる〝埼玉都民〟のおかげなのだろう。

●鋳物工場の脇に聳えるタワーマンション

駅前から旧赤羽宿方面に通じる川口本町大通り

駅前だけで終わってはつまらないので、旧市街、岩槻街道沿いまで歩いてみよう。駅開業とほぼ同時期にできた本町大通りを下ってゆく。一〇分は歩いただろうか、川口郵便局の前を過ぎたあたりで右に折れて荒川方面へ。岩槻街道沿いは、いまも昔ながらの町並みの面影が残っている。

岩槻街道のすぐ近くには、川口の鎮守・川口神社。その周囲の道筋は入り組んでいて、住宅がほとんどの中にいまも鋳物工場がいくつか残っている。工場の塀には、この一帯が準工業地帯であること、工場は古くからこの地域にあること、そして音が鳴ったり振動がするのは、マンションなどができる前からであることなどが書かれている。そこから見上げれば、荒川の対岸からも見えるタワーマンション。工業地帯としての歴史と、ベッドタウンとしての歴史がない交ぜになっている、そういう川口の町並みである。

鋳物工場の町だったところからはじまったのか、川口の駅周辺には他にも工場があった。一九二四（大正十三）年には、サッポロビールの工場が線路沿いにできている。また、一九二〇（大正九）年には、駅の西側に商工省燃料研究所も置かれている。東京との距離が近く、それでいて浦和や大宮ほどはまだ駅の周辺が開けていない川口。そうした事情が、大型施設を並べるのにちょうどよかったのだろうか。いまでは西口の燃料研究所は公園、また川口市の総合文化センター「リリア」に生まれ変わり、そのさらに西側にもマンションが建ち並ぶ。線路沿いのビール工場も、マンションと大型商業施設「アリオ」。古い時代の地図と見比べながら川口を歩くと、東京という大都市に翻弄されてきた川口の町の歩みを実感できる。

駅前の「キュポ・ラ」広場にある「働く歓び」のモニュメント。工業地帯の記憶を伝える

川口駅の東口には、かつて埼玉県では初めてという地下商店街があったという。駅周辺の闇市をルーツに持つ商店街で、一九七〇（昭和四十五）年に集団で地下に移転したのだとか。その後、問題となっていた駅周辺の違法駐輪対策で地下駐輪場に様変わり。地下商店街は姿を消した。駅から離れて歩いても、どこまでも続く住宅地。自転車で自宅から駅まで通う人は、いまも昔も多かったの

だろう。

　そういえば、川口駅に上野東京ラインのホームを新設する計画があるらしい。いまは京浜東北線しか停まらないが、上野東京ラインの列車が停まるようになると、都心方面へのアクセスがかなり便利になる。

　改めて考えると、川口駅に京浜東北線しか停まらないことのほうがおかしな話である。だって、人口約六〇万の川口市、政令指定都市以外では船橋市に次ぐ人口を抱える。近隣の蕨市とか戸田市などと合併することがあれば、政令指定都市になってもおかしくない。それだけの大都市なのに、各駅停車の京浜東北線しか停まらないとは、これいかに。川口駅の一日平均の乗車人員だって、七万人を大きく超えているのだ。

　川口駅を使っている人たちが都心に通勤するとき、京浜東北線に乗って上野、東京へ。新宿方面ならば、赤羽駅で埼京線に乗り換えねばならない。まあ、上野東京ラインのホームができたところで湘南新宿ラインは通過するままなので、新宿方面にはちょっと不便というのは変わらない。

　それでも、鋳物業の町、そしてベッドタウンとして果たしてきた役割を鑑みれば、ようやく上野東京ラインくらい川口駅に停めてあげてもバチは当たらないと思うのだが、いかがだろうか。

奥には大型マンション、手前には今もわずかに残る鋳物工場

JK 40

西川口駅

——変貌する多国籍タウン

川口市の表の顔を担うのが川口駅とその周辺の市街地なのだとすれば、西川口は〝裏の顔〟とでもいうべきか。西川口駅は、京浜東北線全線を見渡しても他にないくらいの、凝縮した歓楽街を持つ駅である。

西川口駅の橋上駅舎を出て西口へ。小ぶりな駅前広場とまっすぐ伸びる駅前通りの風景は、これといって特別なものではない。けれど、少し脇に入るとまったく表情を変えてくる。かつて〝NK流〟などと呼ばれる風俗店が多数林立していたエリアだ。全盛期、風俗店は実に三〇〇店舗もあったという。

NK流とは西川口流の略で、つまるところやってはいけない本番行為をする風俗店。もちろん真っ黒、オールブラックの違法風俗店だ。なので、二〇〇四(平成十六)年頃に埼玉県警が徹底的な摘発に乗り出した。おかげでいまの西川口にはめっきり風俗店は少なくなっている。それでも、まだまだいかがわしい看板を出している店はあって、猥雑な空気感は消えてはい

東口には店舗がいくつか入った駅ビルも

ない。

そして、違法風俗店と入れ替わるようにして中国人がやってきた。風俗店のあった建物にそのまま中国料理店が入り、いまの西川口は〝チャイナタウン〟と化している。ほんの二十年ほどの間に、西川口の町の個性は二転三転。いまだに残る風俗街の空気感と、中国料理店をはじめとする多国籍な香り。それが合わさると、西川口ぐらいでしか出すことのできない雰囲気を醸し出す。

十年ほど前だったか、風俗店（もちろん合法）の取材で西川口を訪れたことがある。そのとき、店の人にNK流ってどうなったんですか?と尋ねてみた。「そういう店はもう営業できないから。昔も迷惑だったんだよ」と返ってきた。本当のところはどうなのかはわからないし、風俗嬢が勝手に本番行為に及ぶなんてことは西川口にかかわらず後を絶たない。ただ、そうした違法風俗店のおかげで、西川口は〝治安の悪い町〟などというネガティブなイメージが持たれてしまった。

しかし、いまの西川口はそれほど危なくはない（というか、昔も危ないわけではなかった）。中国料理店はどこも本場の味付けで、流行りの〝町中華〟が集まっている町と思えば楽しそう。中国料理以外にも、エスニック系の店が軒を連ね、グルメの町という見方もできそうだ。昭和の繁華街にはどこでも感じられた猥雑さ。それが良い意味で形を変えて息づいている、といったところだろうか。

西川口は、なぜ歓楽街の町になったのだろうか。

駅が開業したのは一九五四（昭和二十九）年。地域の人々は戦前からたびたび駅開設を求めて陳情していたという。それがようやく日の目を見たのが、戦後になってから。戦後の混乱期を乗り越えて川口の鋳物産業が復興、沿線住民の増加を受けて駅の設置が決まった。折しも朝鮮特需や戦後復興でインフレが進んでいるご時世で、工費の値上がり分として二割ほどを川口市が負担したという。

数は少なくなったが、いまも風俗店が並ぶエリアも残る

そうして生まれた西川口駅には、沿線住民の通勤通学以外にも大きな役割があった。川口オートレース場への観客輸送である。

川口オートは、西川口駅開業の二年前、一九五二（昭和二十七）年に設けられた。駅の西口からオートレース場までは、その名も〝オートレース通り〟が続く。さすがに歩いて向かうには遠すぎるけれど、いまでも連絡バスが出ているからそれを使えば問題はない。

ともあれ、西川口駅はオートレース場の最寄り駅という顔を持って誕生したのだ。『キューポラのある街』で、主人公・ジュンの父親がオートレースで金を使ってしまうという描写があるが、それがこの川口オート。さらに、川口市の西の戸田市内にはボートレース場もでき、浦和には浦和競馬場。鋳物の町として、つまり工場労働者が多かったことが、こうしたギャンブル場の開設に繋がったことは否定できない。

そして、西川口駅周辺にはオートレース帰

西川口駅東口から川口オートに通じる「オートレース通り」

りのお客をあてにした飲食店が建ち並ぶ。ギャンブラーが集まる町だから、荒くれ感があったことは間違いない。そこに、東京都内から摘発を逃れてきた風俗業者が進出し、歓楽街が形成されたというわけだ。

　こうしてまとめると、あまり前向きなイメージを抱けないかもしれない。が、だからこそ庶民的な、つまりB級グルメの類いが栄えるのも常だ。いわば、東京と浦和・大宮の間の工業地帯に生まれた新開地。いまでも、西川口駅周辺を歩いていると、食欲をそそる香りが漂ってくる。国籍もさまざま、行き交う人もさまざま。裏面を担うといっても、それがかえって庶民にとっては過ごしやすい町になるのかもしれない。

JK 41

蕨駅

——新幹線と成人式、ふたつの〝発祥の地〟

蕨駅は、その名の通り蕨市の玄関口だ。というよりも、蕨市には蕨駅しか鉄道の駅がない（西川口駅は蕨市と川口市の境界付近にある）。約五平方キロメートルの中に、七万五〇〇〇人ほどが暮らす、埼玉県蕨市。市の面積としては日本一小さく、それでいて人口密度は日本一。そういう情報を抱いて蕨駅にやってきた。

蕨駅の雰囲気は、これといって京浜東北線の他の駅とも変わらない。小さな橋上駅舎と東口・西口の駅前広場。どちらもそれなりに賑わっていて、それなりに商業施設が並んでいる。ひとことでいえば、何の変哲もない東京近郊の小ターミナルなのだ。

蕨駅東口は、まっすぐに東に延びる目抜き通りがメインストリート。こちらの道を進むと、すぐに川口市に入る。このあたりは、人呼んで「ワラビスタン」という一帯だ。在日クルド人が多く、ケバブなどを扱う店も少なくない。あまり政治的な話をするつもりはないが、この地域の外国人は根ざしてからの歴史も長

日本一小さく、密度の高い市・蕨市の玄関口

く、日本人との間で共生を模索してきた過去がある。どのような立場に立つにしろ、表面的な事象だけを切り取って騒ぎ立てるのでは、本質的な問題は解決しないだろう。

それはともかく、そうした事情を知らなければ、蕨駅前の風景は特別なものではない。東口だけでなく西口も同様だ。駅前広場の南側では大規模な再開発工事をやっているが、こちらは長年塩漬けになっていた一等地をマンションや行政施設などが入った高層複合施設にリニューアルするというものだ。

そして、その脇からこちらにもまっすぐ西に延びる目抜き通り。なかなか長い目抜き通りで、そのほとんどが商店街になっている。蕨駅が開業して以来の町の中心だ。ずーっと西に歩いた先で、駅前の商店街は旧中山道と交差する。旧中山道は蕨宿。古く、鉄道駅は宿場町にひとつ、といったペースで設置されることが多かった。蕨駅はこの地に線路が通ってから十年後の一八九三（明治二十六）年に開業している。比較的早期に駅が開業したのは、中山道の宿場町に近いという事情があったからだろう。

旧中山道に向かう駅前の商店街。途中で右に折れて北に向かい、蕨市民会館の脇を抜けると、蕨城址公園という小さな公園がある。中世、沼地の中の小高い丘に築かれた城で、江戸時代には鷹狩りに赴いた将軍の御殿も置かれていた。蕨宿は、蕨城があった時代から続いていた六斎市からはじまったというから、なかなか歴史も古い。

そんな城址公園の中に、気になる記念碑が建っていた。「成年式発祥の地」。一九四六（昭和二十一）年、当時の蕨町青年団が中心となって青年祭を企画、その核となった催しが成年式だった。これが話題を呼んで、一九四八（昭和二十三）年には成人の日が国民の祝日に指定され、日本中に「成人式」の文化が広まった。いま、全国各地で荒れたり荒れなかったりする成人式は、蕨の町か

蕨駅前から西に続く商店街は、駅と旧中山道蕨宿を結ぶ

らはじまったのである。ちなみに、蕨の最初の成年式は、一月ではなく十一月二十二日に行われている。

蕨には、もうひとつの発祥の地もある。昔の面影を留めた旧中山道から市役所の前を通り、蕨駅の方面に向かって戻る。陸橋で線路を跨ぐ手前で左に折れる。すると、線路沿いに大型団地が建ち並んでいるゾーンへ。一九七八（昭和五十三）年に入居が始まった、川口芝園団地だ。それより前、この場所あったのは、日本車輛の工場である。

蕨の日本車輛の工場は、一九三四（昭和九）年に開設されて、一九七二（昭和四十七）年に閉鎖されるまで、国鉄から私鉄まで、さまざまな鉄道車両を世に送り出してきた。そのなかのひとつが、新幹線だ。０系新幹線量産に先立って製造された１０００形試作車の一編成が、日本車輛蕨工場生まれ。一九六二（昭和三十七）年四月には、十河信二国鉄総裁を招いて構内での試運転が行われている。

川口芝園団地はかつての日本車輌製造の工場跡。0系新幹線誕生の地だ

そうした縁もあって、団地の一角には「新幹線電車発祥の地」の記念碑がある。蕨市は、成人式と新幹線の発祥の町なのだ。

日本車輌の工場跡地にできた芝園団地は、いまでは外国人が多いことで知られている。住民四五〇〇人のうち、半数以上が外国人なのだという。実際、団地の前までやってくると、団地下の商店などには外国語の看板が掲げられている。一九九〇年代から中国人が入居するようになり、その比率が増えていった。IT系の技術者、つまり腕に覚えのある中国人が多いという。いわば、〝ワラビスタン〟の先駆けのようなものだ。

中山道の宿場町からはじまった蕨の町は、こうしていくつもの歴史を重ねていまに続いているのである。

JK 42

南浦和駅 ――ゴリラと武蔵野線

京浜東北線は、蕨駅と南浦和駅の間でゴリラの脇を通る。もちろんホンモノのゴリラではなくて、交差する外環道の高架下にあるゴリラ公園のことだ。

ゴリラ公園は、外環道開通翌年の一九九三（平成五）年八月にできた公園だ。高架下の有効利用、ということで設けられた。シンボルは、ゴリラ公園の名の通りでっかいゴリラ。京浜東北線の車窓からもチラリと見える。時計塔の柱をグイッと曲げて、十五分おきには目が動く。薄暗い冬の夕暮れ時、何も知らずに通りすがったら、腰を抜かしてしまうかもしれない。

で、ゴリラ公園はただゴリラがいるだけの公園ではない。ゴリラの周りには、本格的な競技にも使える自転車専用のオフロードコースが設けられているのだ。高速道路の高架下、雨をしのげる公園は幾多あれど、ゴリラ公園はその中でも格別に充実している公園のひとつといっていいだろう。

ゴリラ公園があるのは、埼玉県川口市だ。ゴリラ公

地上区間の京浜東北線は、どこも似たような橋上駅舎。左手には武蔵野線の高架も見える

園を、というか外環道の下を潜ってすぐに、さいたま市に入る。もともとは浦和市だったエリアだ。京浜東北線でいうならば、ちょうどさいたま車両センターが広がっている。旧浦和市、さいたま市と川口市にまたがって広がる車両基地。京浜東北線の沿線では二か所ある車両基地のひとつである。

そういうわけで、さいたま市内に入って最初の駅が、南浦和駅だ。開業したのは一九六一（昭和三十六）年。駅を設けるきっかけになったのも、車両基地だ。

南浦和駅設置の歴史は、大正時代にまでさかのぼる。一九二二（大正十一）年以来、地元の人たちを中心に実に五十回以上も陳情を繰り返したという。浦和駅と蕨駅の間はやや間隔が開いていて、駅があれば便利だという思いは長年積み重ねられてきた。

ただ、駅ができなかったのにも理由はある。戦前から都市化が進んでいた県都・浦和のターミナル周辺と比べれば、川口・蕨方面に近い南浦和駅一帯は田園地帯。少なくとも戦前の時点では開発される予定も見込みもなく、駅が設けられる可能性はほとんどなかった。

新駅設置を求める動きは戦後も続いたが、その過程では川口市と浦和市の間で綱引きもあったようだ。川口市としては、蕨駅と浦和駅の中間くらいに設置してくれればありがたい。しかし、それでは駅の場所は川口市内になってしまう。浦和市は、市南部の開発の足がかりにしたいという思惑もあるから、川口市内に駅を置くのでは納得できない。

そうした綱引きに決着をつけたのは、親方日の丸、国鉄さん。国鉄が京浜東北線の車両基地建設を決め、その位置がちょうど蕨駅と浦和駅の中間あたり。必然的に駅の位置は北側、つまり浦和駅に近いところに少しだけ偏ることになって、一九五六（昭和三十一）年に新駅の設置が決定した。つまり、南浦和駅は、浦和市南部と川口市との境界付近に開発余地のある広大な土地が残されていたから生まれた駅といっていい。

一九六一（昭和三十六）年に開業した当時の南浦和駅には、出入口は東口しか設けられていない。まだ駅周辺の開発が進んでいないから、というのもある。もうひとつの理由としては、駅の北東に浦和競馬場があって、その最寄り駅として機能させようという思惑があったからだろう。

南浦和駅が現在の形になったのは、一九七二（昭和四十七）年のことだ。そのとき、武蔵野線が開業して、地上を走る京浜東北線を跨ぐようにホームが設けられた。武蔵野線の開業によって、南浦和駅は両者の乗り換えの駅となって、急速に発展していくことになる。まだまだ通勤路線としての体を成していなかった武蔵野線でも、膨張を続けていた首都圏にあって、駅周辺の開発を大いに促すくらいの力は持っていたのだ。

武蔵野線の高架沿い。旧浦和市の南部を横断するように建設された

よく、武蔵野線のことを〝ギャンブルライン〟などと揶揄する向きがある。確かに、東京競馬場や中山競馬場といった競馬場が沿線にあって、週末などは競馬ファンで賑わう路線だ。ただ、京浜東北線だって負けていない。東京競馬場のようなＪＲＡの競馬場はないけれど、浦和競馬に大井競馬、川崎競馬は沿線に。他にも川口オートに川崎競輪、平和島のボートレース。三競オートが勢ぞろい。むしろ武蔵野線以上になかなか濃厚で濃密なギャンブルラインの趣がある。

南浦和駅は、浦和競馬場の最寄り駅

だ。駅前からバスも出ているけれど、歩いたところで二〇分ほど。二〇一九（令和元）年の秋、浦和競馬場で開催されたＪＢＣを観に行った。ＪＢＣは、中央競馬のスターホースも参戦する地方競馬の祭典だ。ふだんの浦和競馬場にはありえないくらいの観客が詰めかけて、競馬場内はトイレにも行けないほどの混雑ぶり。行きと帰りの南浦和までの道筋も、途方もないくらいの大混雑。年に一度、いや数十年に一度というレベルで、南浦和の町が混み合っていた。

南浦和には、いわゆるオケラ街道のような場所はない。駅の東口には飲食店が集まっている一角もあるが、規模は小さい。競馬場の存在を知らなければ、ありふれた郊外の住宅地といったところだ。そうした中にあれだけの人が現れたのだから、地元の人はさぞかし驚いたに違いない。

南浦和駅は、浦和駅の南にあって浦和市・さいたま市南部の開発の拠点となった。そして、武蔵野線が乗り入れてさらに飛躍を遂げた。車両基地が近いから、日中の京浜東北線は一時間に三本が南浦和駅で折り返す。いわば運転上の拠点駅なのだ。

南浦和駅の東口。商業が発達しているのはこちら側で、競馬場も近い

JK 43
浦和駅 ——パルコと伊勢丹、ヨーカドー

いきなり偏見に塗れた見解を披瀝すると、パルコと伊勢丹がある町は格の違う大都会だと思っている。どちらか一方だけならばともかく、パルコも伊勢丹も揃っているとなれば、それは相当レベルに品と格を兼ね備えている。伊勢丹は伝統と流行を両立させた百貨店だし、パルコは渋谷に生まれて以来新しいムーブメントを生み続けてきた最先端。浦和駅には、そうした二つのシンボルが西口と東口、それぞれの駅前に分かれて揃っている。だから、浦和は京浜東北線全線の中でも、特別な大都会のターミナルなのである。

浦和駅にあって、パルコがあるのは東口。伊勢丹は西口の駅前広場にある。西口は古くからの中心市街地で、伊勢丹と連絡している商業ビル・浦和コルソの間を抜けると、細い路地に商店が連なる商業エリアへと続いてゆく。チェーン店も個人店も、あらゆる店が軒を連ね、その向こう側にはイトーヨーカドーもある。伊勢丹やパルコと比べれば、ヨーカドーは庶民的な存

東口は遅れて開発されたエリア。駅前のパルコがシンボルだ

在だ。ヨーカドーがあるから、人々は安心してこの町でお買いものができる。伊勢丹もパルコも、そしてヨーカドーまで揃っているとなれば、浦和の町はもう、完全無欠なのではなかろうか。さすが、県庁所在地である。

サッカーの町であることをアピールしている西口の駅前広場から、高層マンションを建設中の一角を南に見ながら西に向かう。この道は県庁通りといい、途中で旧中山道と交差して、さらに賑やかな町の中。緩やかな坂道を下ってゆくと、埼玉県庁が見えてくる。浦和は、一八六九（明治二）年に浦和県が設置されてその県庁所在地になってから、一五〇年以上にわたって県庁のある町だ。

浦和の県庁は、一八七一（明治四）年に埼玉県が設置されてからも引き続き浦和のままで、明治時代には何度も県庁移転論に脅かされつつも危機を乗り越えた。最初は一八八六（明治十九）年、次は一八九七（明治三十）年、その次は一九〇三（明治三十六）年。戦後、一九四八（昭和二十三）年に県庁舎を火災で焼失した際には、いっそ熊谷に移転してしまえばいいのでは、などという意見も上がっている。それでも、浦和は県庁を守り続けた。

一般市民は、普通に暮らしている範囲において県庁舎を訪れる機会はめったにない。なのに、浦和は埼玉県の県庁所在地であるということにひとかたならぬ思い入れ。何しろ、何度も失う危機に瀕しながら、その都度守り続けてきたシンボルなのだから。

浦和駅は一八八三（明治十六）年に日本鉄道第一期線、上野～熊谷間と同時に開業した駅だ。上野駅と浦和駅の間には王子駅が設けられたが、都市らしい都市としては浦和が最初。正真正銘、県庁所在地の玄関口のターミナルとして生まれた駅だ。

浦和には、もともと中山道の宿場があった。日本橋から数えて板橋、蕨ときて三番目の宿場町だ。ただし、規模はお隣の大宮宿などと比べるとだいぶ小さかったようで、本陣はひとつ、脇本陣はふたつ、旅籠《はたご》は十五軒ほどだったという。それが見違えるように大都市になったのは、県庁と駅のおかげといっていい。

そして、浦和駅は旧中山道の宿場にも近い。これほど宿場町に近い駅は他にあるのかどうかというくらい、駅の目の前が中山道の浦和宿だ。駅前には県庁に通じる県庁通りのほかに、停車場通りという目抜き通りも整備された。現在は浦和コルソで遮られているが、中を抜ければ「さくら草通り」と名付けられた遊歩道に続く。そのまま五分も歩かずに、旧中山道と交差する。江戸時代から続くような老舗がいくつか残り、商都としての浦和の中心になっている。浦和は、県都であると同時に商業の中心都市でもある。

ちなみに、江戸時代までの浦和周辺は沼が目立つ低地だった。なのでうなぎがよく獲れた。そこでうなぎの蒲焼きを食べるようになった。なんでも、うなぎの蒲焼き発祥の地が浦和なのだとか。中山道を行き交う旅人によって全国に蒲焼きが広がり、いまや日本人の国民食になった（といってもいまやめったに食べられない贅沢品ですが）。いまも、浦和では毎年五月に浦和うなぎ祭りが行われている。日本人がうなぎを愛しているのは、浦和のおかげ、なので

浦和駅西口、市街地の真ん中を通る旧中山道。いまも浦和の中心だ

浦和駅西口の駅前広場。浦和レッズ、サッカーの町というアピールも

ある。

……などとつらつら語ってきたが、やはり浦和といったら……そう、赤である。浦和の町はどこもかしこも赤い色で彩られている。いうまでもなく、サッカーJリーグ、浦和レッズ。浦和駅の改札を抜けた先の自由通路には、西口のバスターミナルまでを地下で連絡する「浦和サッカーストリート」という小径があって、そこには浦和レッズのオフィシャルショップも店を構えている。浦和の町は、レッズの町だ。誰もが知る、日本有数のサッカー熱の高い町。いまや、レッズは浦和のシンボルに他ならない。

そして、もしかするとレッズは、単なるサッカーチームという範囲で収まるような存在ではないのかもしれない。一五〇年以上埼玉県の県庁所在地であり続けてきた浦和の町の誇りと一体不可分。広島でいうならカープのような、そういう実にシンボリックな存在なのかもしれないと、浦和の町を歩きながら考えた。

JK 44

北浦和駅　――教育都市・浦和、ここにあり

浦和駅では駅のすぐ西側を通っていた中山道。そこはかつての宿場町であり、それがそのまま県庁と駅の間の市街地として発展し、浦和という都市のルーツになった。

一転、北浦和駅にやってくると、中山道は駅の東側を通るようになっている。

これは、浦和駅の少し北、浦和～北浦和間の中間付近で、旧中山道が京浜東北線の線路と交差しているからだ。中山道という近世以来の街道筋を守るためなのかどうなのか、交差するところだけは京浜東北線をはじめとする線路が掘割を通り、中山道はそれをオーバーパスして跨ぐ。線路を跨ぐ橋の名は「浦和橋」。西側のたもとには、浦和の一里塚も残っている。

浦和橋で京浜東北線の東側に移った中山道は、線路と少しずつ離れながら北に向かう。北浦和駅前では、東口の駅舎を出て小さな駅前広場から目抜き通りをほんの七〇メートルほど下ったところが中山道だ。

小さい橋上駅舎の北浦和駅。ロータリーともいえない駅前広場は意外に広い

浦和宿の中心と県庁のお膝元、そして浦和駅というターミナルが掛け合わさって生まれた浦和駅前ほどではないけれど、北浦和駅前の中山道沿いも、それなりに賑わっている。線路沿いや中山道との間の路地にも商店街が広がって、とどのつまり浦和の駅前とは地続きの商業エリア。南側には「北浦和ＧＩＮＺＡレッズ商店街」などと名乗る商店街も。浦和レッズのフラッグが街灯に掲げられているのは、浦和駅前と変わらない。

北浦和駅は、とかくレッズと縁の深い駅だ。一九九三（平成五）年のＪリーグ元年、日本中がＪリーグフィーバーに沸いていたあの時期は、北浦和も相当な活気に満ちていたようだ。駅前の「北浦和ＧＩＮＺＡレッズ商店街」がその名に改めたのも、一九九三（平成五）年のことだ。何ならば、当時は浦和の駅前よりも北浦和の方が盛り上がっていたくらいかもしれない。

というのも、この駅は当時浦和レッズがホームスタジアムとして常用していた駒場スタジアムの最寄り駅だったの

北浦和駅前の商店街。こちらにも浦和レッズのフラッグがはためく

北浦和駅周辺は、地元の人たちが集まる商業エリアが広がる

だ。西川口駅と川口オートのように、最寄り駅とはいっても少々距離がある。それでも、レッズのモニュメントが駅の近くに置かれたり、商店街の名前を変更したり、レッズのお膝元としてJリーグ元年の盛り上がりに貢献している。

外から訪れる人も少なくない県都の玄関口・浦和駅と比べれば、より地域性の強い北浦和。そうした事情も、遠慮なくレッズを前面に押し出して、徹底的な浦和レッズの町として名を挙げる理由になったのかもしれない。といっても、いまでは浦和駅もレッズ尽くしなのですが。

ちなみに、Jリーグ元年に参戦したチームは一〇チーム。前期・後期制で戦われ、浦和レッズはまれにみる大不振。どちらも最下位の一〇位に終わっている。ついでに言うと、一九九四（平成六）年の二シーズン目も前期は一二チーム中最下位。後期でようやく最下位を脱したが、ブービーの一一位だった。初めての優勝は、J2転落も経験したのちの二〇〇四（平成十六）年の後期である。

それはさておき、中山道のある東口に対して、北浦和駅西口はどうなっているのか。こちらもまた、基本的な駅前風景は変わらない。小さな駅前広場とそれを囲む商店街、そしてまっすぐ伸びる目抜き通り。ただし、目抜き通りの先にあるのは中山道ではなくて、北浦和公園という緑地だ。南北に細長い広々とした公園で、園内には県立の近代美術館も置かれている。ずいぶんと立派な公園が、北浦和駅のすぐ近くにあるのだ。

この公園は、かつて旧制浦和高等学校（現在の浦和高等学校とは別の学校）があった場所。一九二一（大正十）年に設立された旧制高校で、旧制一高（現在の東京大学教養学部）と並ぶ名門校として名を馳せた。旧制高校は帝国大学への進学を志す秀才ばかりが通う学校であり、その中でも旧制浦和高校は旧制一高に次ぐ東京帝大進学率を誇っていたという。

北浦和駅は一九三六（昭和十一）年に開業しているが、それと旧制浦和高校は無関係ではあるまい。名門中の名門、浦和の町から国を動かす偉い人へと出世してゆく。そういう人材を育てる学校があるのだから、新しく駅ができても誰が文句を言えようか。

旧制浦和高校は、戦後の学制改革にともなって埼玉大学文理学部に移行した。東京帝大への進学率の高さから、東京大学に吸収するという案もあったらしい。実現しなかったのは、それが埼玉県にある学校だったからだろうか。

それでも旧制浦和高校改め埼玉大学文理学部は、戦後も長く北浦和駅近くのこの場所にキャンパスを置いていた。移転したのは一九六九（昭和四十四）年になってから。一九七四（昭和四十九）年になって、ようやく跡地に北浦和公園が整備された。いまも、北浦和公園には旧制浦和高校の正門が残されている。

浦和という町は、レッズの存在感を持って語られることが多い。けれど、ただのレッズの町などではなくて、埼玉県でも指折りの教育都市なのである。

JK 45
与野駅
——浦和と大宮に囲まれて

さいたま市は、二〇〇一（平成十三）年に浦和市と大宮市、そして与野市が合併して誕生した都市だ（二〇〇五年には岩槻市も加わっている）。この合併は、驚きをもって受け止められた。県庁の所在を巡って、また新幹線が停まるだの停まらないだの、繁華街はどちらが賑わっているだのと、とかく長年の宿命のライバル。お隣さん同士が仲良くするのは難しい、という格言?を地で行くような関係だった。それがひとつの都市にまとまったのだから、アッと驚く為五郎。同床異夢、とまではさすがに言わないけれど（だいたいこういうライバル同士は、普段は対立していても外に向かったときは想像以上の強固な絆を見せて対峙するものだ）、結局いまでもさいたま市内の中核的な存在として、互いにライバル心を燃やし続けている。

そして、与野である。さいたま市のあれこれをこうしてネタにするとき、浦和と大宮ばかりが注目される。その中にあって、与野とは一体何なのか。まるで触れ

与野駅も橋上駅舎。広くはないが駅前広場も設けられている

られることもなく、なんだかかわいそうではないか。さいたま市は、浦和と大宮だけが合併して生まれたと思っている人もいるかもしれない。

強国に挟まれた弱小国さながら。『信長の野望』なら、あえてそうした戦国大名を選び、同盟や裏切りを駆使しながらのし上がっていくのが楽しいが、現実ではどうだろう。与野市とは、いったいどんな町なのか。

といっても、実は与野駅は旧与野市内にはない。西口の駅前広場の向こう側はもう与野市なのだから、与野の玄関口といっても差しつかえない。ただ、与野駅が置かれているのはかつての浦和市内だ。開業したのは一九一二(大正元)年十一月一日。のちの与野市内では最も古い駅である。与野の人々の陳情によって、与野の玄関口として開業した。だから、当時の出入口は中山道とは反対の西側だけに設けられている。

そんな与野駅の現在の風景は、住宅地である。東口の中山道沿いはまだ商業ゾーンになっていて、中山道に通じる道筋もそれなりに飲食店などが並んでいる。ただ、開業以来の〝正面〟であるところの西口は、駅前からすぐに住宅地が続く。これでは、与野という町がどのような町だったのかはよくわからない。

「与野」の名を含む駅は、与野駅だけではない。というより、むしろ埼京線の方に多くの〝与野〟駅が集まっている。京浜東北線の与野駅から西に歩いて細い道を抜け、国道一七号を渡ってさらに西へ。そうすると、埼京線の与野本町駅にたどり着く。このほかに、埼京線には北与野駅と南与野駅がある。そして、むしろこちらの埼京線側のほうが、本来の与野の中心地だった。

埼京線の与野本町駅からさらに西へ向かい、県道二一五号線付近へ。京浜東北線与野駅からは三〇分は歩くだろうか。与野の旧市街は、県道二一五号線沿いに広がっていた。ルーツは、江戸時

駅の周囲には小さな飲食店が並ぶ一角も

代に脇往還として賑わった町。室町時代から市が立ち、江戸時代には物資の集積地にもなっていたようだ。当時は浦和や大宮といった中山道の宿場町を凌ぐ賑わいぶりだったというから、たいしたものである。明治に入っても、しばらくは浦和や大宮よりも人口が多かったという。

与野にとって痛恨だったのは、鉄道だ。鉄道が与野の中心から離れた、中山道沿いを通った。広範囲を連絡するネットワークとしては中山道のほうが優先されるのだから仕方がないのだが、鉄道が通らなかったことで与野は徐々に寂れていくことになる。

結局、与野駅が開業する一九一六（大正元）年まで与野の町は鉄道駅の玄関口すら持つことができなかった。ちなみに、与野駅は開業より一〇年前の一九〇六（明治三十九）年に信号場が置かれたのがはじまりなのだが、その時点でもお客が乗り降りできる駅が与えられなかったところからも、与野の扱いの悪

与野駅東側には旧中山道が通る。歩道の松は古くから沿道に植えられていたものだろうか

さが感じられて涙を禁じ得ない。

　ようやく与野駅が開業しても、それはだいぶ町の中心から外れた東端。ついに念願の中心駅を手にしたのは、一九八五（昭和六十）年になってからだ。この地域に鉄道が通ってから一〇〇年以上が経っていた。

　与野本町駅などを抱える埼京線は、東北・上越新幹線建設の見返りとして開業した通勤新線だ。はじめ、与野の人々も町の中を通る新幹線の建設に反対したという。ただ、少しずつ反対の運動は新線建設を求める声に変わってゆく。それだけ、中心地に駅を持っていないことの不便さを町の人々が実感していたのだろう。

　念願叶って、ようやく手にした埼京線と与野の三駅。そうしたできごとがありながら、町外れ、むしろ浦和市内に位置する京浜東北線の与野駅は、浦和と大宮というふたつの大都市に挟まれた小都市の誇りを、静かに伝えている。

JK46

さいたま新都心駅

――操車場とスーパーアリーナ

二〇二〇（令和二）年三月に高輪ゲートウェイ駅が開業するまで、さいたま新都心駅は京浜東北線で最も新しい駅だった。開業したのは高輪ゲートウェイ駅に先立つこと二〇年、二〇〇〇（平成十二）年四月一日だ。かつて大宮操車場が広がっていた一帯を再開発、さいたま新都心の誕生とともにできた。駅が開業してからおよそひと月後、五月五日にさいたま新都心の街開き。鉄道の町・大宮に、新たな町が生まれた瞬間だった。

さいたま新都心駅には、新駅ながら京浜東北線以外に宇都宮線・高崎線のホームもある。このことからも、新都心にかける期待が感じられるところだ。線路の上の人工路盤に設けられた駅舎も立派そのもの。広々としたコンコースとたくさん並んだ自動改札。自由通路やコンコースの上には、ドーム型の屋根が覆う。改札を抜けて、幅の広い自由通路を右か左へ歩いてゆけば、そこがさいたま新都心である。

さいたま新都心駅の自由通路。ドーム型の大きな屋根が広い通路を覆う

さいたま新都心の中心は、駅の西口側の高層ビル群だろう。改札を抜けて左に曲がり、自由通路を進んで行けば右手に見えてくるのが新都心のシンボル・さいたまスーパーアリーナだ。反対の左手、つまり線路に沿って南側には、NTTドコモさいたまビル、明治安田生命さいたま新都心ビル、はたまたさいたま新都心合同庁舎。見上げるばかりの高層ビルが建ち並び、文字通りの新都心、お手本のような新都心が続いてゆく。

反対の東側も、線路に沿っている旧中山道を自由通路から続くデッキで跨ぐと、コクーンシティという商業ゾーンになっている。ヨドバシカメラやさまざまな専門店が入ったエリア、また映画館なども入っている。新都心といってもビジネスだけではない、といったところか。スーパーアリーナでのイベントの前後に食事などをするのにもちょうどいい。

そんな充実したさいたま新都心だけあって、駅も開業から順調だ。開業初年度の乗車人員は一万五〇〇〇人程度だったが、順調に増やしていって現在では五万人を超えるまでになった。ショッピングからビジネス、エンターテインメント、そして行政機関まで。あらゆるものが揃った新都心は、すでにさいたま市内の中核的な町に育っている。

さいたま新都心の計画は、一九八四（昭和五十九）年二月に大宮操車場が機能を停止したところからはじまった。国鉄末期、多くの大ターミナル周辺の貨物機能が停止しており、大宮も例に漏れずであった。

大宮の操車場は一八八五（明治十八）年に開設され、以後一〇〇年にわたって「鉄道の町」大宮の中核を担ってきた施設だ。それが役割を終えた一九八〇年代は、国鉄が消えてJRに変わった時代でもある。そうした移り変わりの時期の、象徴的なできごとだったのかもしれない。

操車場跡地の利用を巡って、かなり早い段階から埼玉県は新都心の構想を抱いていた。そのために操車場跡地の一括売却を求めて国鉄と交渉していたが、これがすんなりとはいかない。国鉄、分割民営化後は国鉄清算事業団が保有する広大な一等地。こうした土地の売却は、原則として公開競争入札になるものだ。それを埼玉県が随意契約での売却を求めたのだから、うまくいかないのも無理からぬお話。国鉄時代には、当時の運輸大臣・橋本龍太郎も後ろ向きのコメントを残している。

それでも粘り強い交渉が功を奏したのか、一九八九（平成元）年には十六の政府機関を新都心に移転させる計画が決定。売却も実現し、一九九一（平成三）年に着工、足かけ九年の工事を経て、新都心が完成する。新都心街開きの一年後、二〇〇一（平成十三）年にはさいたま市も発足。さいたま新都心は、新生・さいたまのシンボルになった。

さいたま新都心駅東口。左手が旧中山道、右手は氷川神社への参道の入口だ

計画段階から課題とされていたのは、中核になる集客施設、つまりさいたまスーパーアリーナだ。果たしてどれだけの集客ができるのか。それが計画の成否を決めるカギになる。集客力を不安視する向きもあったが、フタを開ければ大盛況。いまにいたるまで、首都圏を代表するアリーナとして連日さまざまなイベントが行われている。

中でも多いのが、バスケットボールだ。二〇〇〇（平成十二）年九月一日のスーパーアリーナのグランドオープンでは国際バスケットボール大会が行われ、同三日には日本対スペインの国際試合。その後もバスケにバレーと屋内スポーツのメイン会場になることしばしばで、二〇〇六（平成十八）年にはバスケとバレーの世界選手権の会場に。二〇二一（令和三）年の東京オリンピックでも、バスケの会場になっている。女子日本代表が銀メダルを獲得したあの快挙の舞台も、さいたまスーパーアリーナだった。

スーパーアリーナでは音楽系のイベントも目白押し。音楽系でいちばん最初のイベントは、V6のライブだった。その後も木村拓哉がSMAPのライブ後に工藤静香との結婚を発表したり、AKB48の前田敦子がライブのアンコールで卒業を発表したり。二〇一八（平成三十）年のエレファントカシマシの三十周年記念ライブでは、スピッツ・Mr.Childrenとの共演が実現している。

と、まあとにかくスポーツにライブに、さいたまスーパーアリーナはなくてはならない存在になっている。

そして、その裏側で、いまも大宮操車場は機能の一部を残している。面積は半分に削られたが、大宮総合車両センターに出入りする車両や、また貨物列車なども行き来している。武蔵野線の貨物支線が乗り入れてくるのも、大宮操車場の構内だ。巨大な貨物駅としての機能は失われても、まだまだ大宮操車場は「鉄道の町」大宮の一角を担い続ける。傍らで天高く聳える副都心の高層ビルに見下ろされながら。

駅北の跨線橋から南を見る。右にはさいたまスーパーアリーナが

JK 47 大宮駅 ——隣のホームはアーバンパークライン

大宮駅ほど巨大なターミナルは、そうそうないのではないかと思う。

もちろん、日本全国を見渡せば、大阪駅に横浜駅、札幌駅に博多駅。地域の中核を担うマンモスターミナルは数多い。京浜東北線にあっても、東京駅や品川駅、上野駅といったターミナルを持つ。そうした中にあっても、大宮駅はそれらに比肩するか、それ以上の規模と存在感を持っているといっていい。

というのも、大宮には他のターミナルにはないものがあるからだ。駅の北側に広がる車両センターやJR貨物の大宮車両所。また、半分ほどはさいたま新都心に削り取られてしまったが、南側には大宮操車場が広がっている。さいたま新都心駅北側の跨線橋から大宮駅方面を眺めると、あまりにたくさんの線路が並んでいることに圧倒されるはずだ。無数の線路が入り組んで、やってくる列車は宇都宮線・高崎線に貨物列車まで。京浜東北線も、そんな無数の線路のいちばん東側

大宮駅の東口。コンパクトな駅舎と駅前広場だが、こちらが繁華街に面する出入口

を少なくとも一〇分に一本のペースで走ってきて、大宮駅の巨大な橋上駅舎の中へと滑り込んでゆく。こうした様子を見ているだけで、大宮駅は日本一のターミナルであるといっても差し支えないであろうことがわかるはずだ。

そしてもうひとつ、大宮の町は鉄道によって発展した、という点も見逃せない。これはただ単に鉄道駅ができたから市街地が形成された、などという単純な話ではない。文字通り、大宮は鉄道によって形作られた町なのだ。

一八八三（明治十六）年に上野～熊谷間が開業したとき、大宮には駅が設けられていない。現在のさいたま市内にできた駅は、浦和駅だけだ。このあたりから浦和と大宮のライバル物語がはじまっている。どちらにも中山道の宿場があって、大宮には武蔵国一宮の氷川神社が鎮座する。なのに、駅がない。社寺参詣のために鉄道を、という時代でもなく、県庁が置かれていた浦和が優先されたのだ。

しかし、結果としてそれが幸いする。

一八八五（明治十八）年、現在の高崎線・東北本線の分岐点として大宮駅が開業すると、周辺に潤沢にあった用地を活用し、工場や操車場、車両基地などが次々に開設される。同時に鉄道職員やその家族が暮らす官舎も建ち並んだ。そうした町が、大宮宿と氷川神社の門前町に発する駅東側の市街地と結び付き、浦和に負けないほどの発展を遂げたのだ。

それからも、新幹線が乗り入れたり地下に埼京線が通ったり、また鉄道施設の縮小に伴って駅周辺の再開発が進んだり、細かな変化はあったものの、ほとんど変わらずに巨大な鉄道ターミナルであり続けている。大宮の町の本質を作りだしたのは、氷川神社や宿場町、そこに加わった「鉄道」なのである。

そんな巨大なターミナルにあって、京浜東北線の存在感は薄いと言わざるを得ない。

使っているホームはいちばん東の端っこの、一・二番線。巨大ターミナルのトップナンバーなのだが、やはり大宮駅の主役どころは宇都宮線・高崎線の中距離電車だろう。かつてのように在来線特急が行き交っている時代ではないけれど、それらの重要性は薄らいでいない。はたまた、新幹線も東北新幹線と上越・北陸新幹線の分岐駅として存在感を見せつける。

そうした中で、京浜東北線はどうだろう。

京浜東北線は大宮駅が北の終点だ。だから、その先に行こうとするなら中距離電車に乗り継がねばならない。都心方面に向かうなら、上野東京ラインや湘南新宿ラインを使う方が便利だ。大宮〜東京間、上野東京ラインと京浜東北線では、所要時間が二〇分ほどは変わってくる。上野東京ラインが通っていなかった時代には、大宮から京浜東北線を使えば多少時間がかかっても、乗り換えナシで東京駅に行けるというメリットがあった。それも失われたいま、大宮駅における京浜東北線の存在感は、薄らぐばかりだ。

そんな京浜東北線の一・二番線ホーム。その北の端に立つと、手の届きそうなところに東武アーバンパークライン（野田線）のホームが見える。一九九〇年代初頭には、野田線と京浜東北線の直通運転を求める動きがあった。実際に期成同盟会まで設立されているから、それなりに本気だったの

大宮駅東口の駅前広場前の目抜き通り。飲食店や百貨店などが並ぶ繁華街

1・2番線ホームが京浜東北線。奥に見えるのは東武アーバンパークラインのホームだ

だろう。

　そうした要望に対し、JR東日本は「不可能ではないが高崎線への直通が先」と答えている。東武鉄道は、「大宮駅の混雑解消が先」。どちらもつれない対応で、結局、実現することはなく令和になった。そんなに世の中は甘くない。

　巨大なターミナルの端っこで、静かに終点を迎える京浜東北線。実際に、朝の通勤時間帯であっても、中距離電車と比べると京浜東北線のお客は少ない。

　しかし、京浜東北線が京浜東北線であるためには、やはり大宮駅がターミナルであってしかるべきなのだ。何しろ、日本一の鉄道ターミナル。そこにあって、ピリリと辛い山椒のような役割を果たす各駅停車の京浜東北線。これがなかったら、きっと物足りない気持ちになるはずだ。大宮駅の端っこのホームに、スカイブルーの電車はよく似合う。

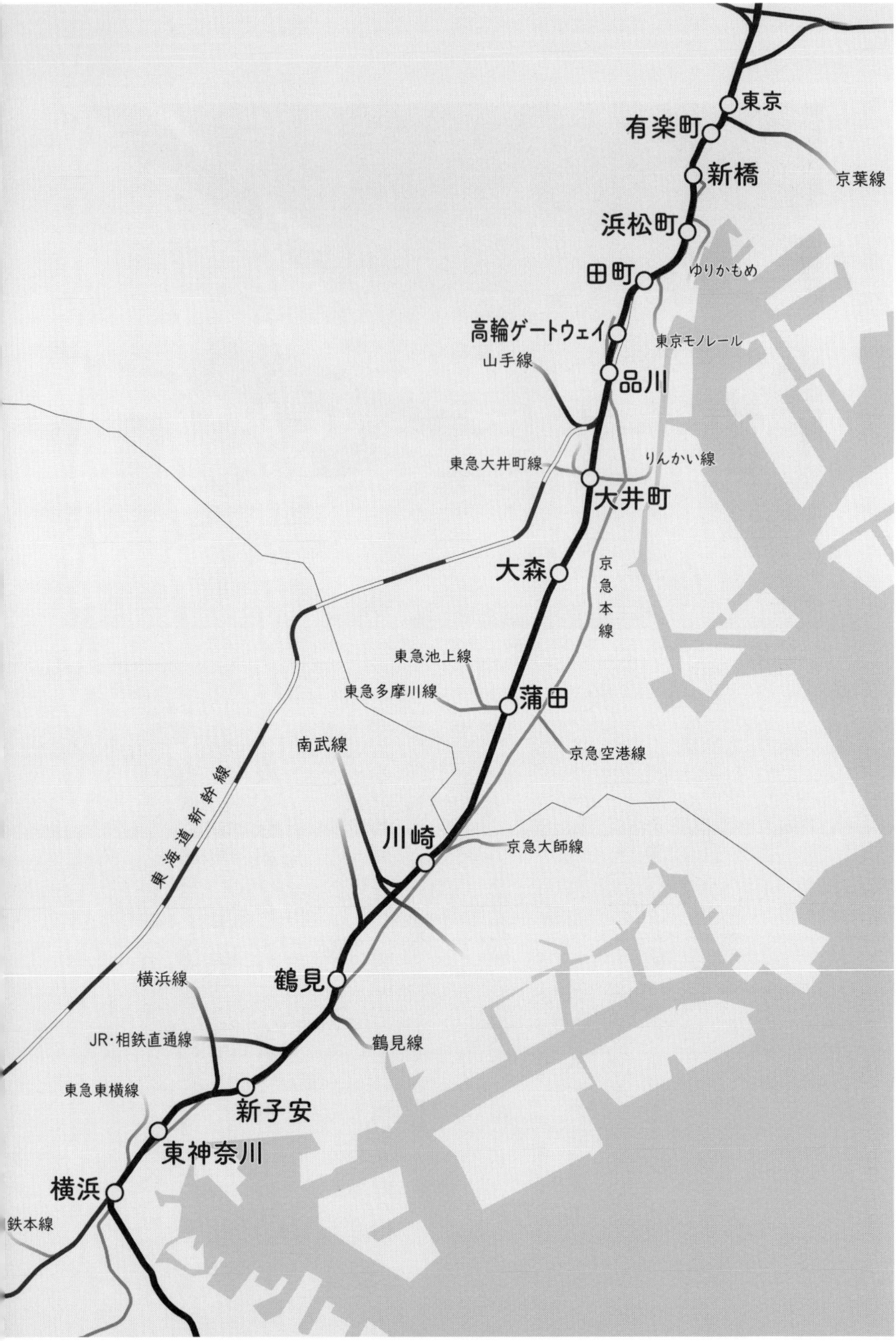
東京
有楽町
新橋
京葉線
浜松町
ゆりかもめ
田町
高輪ゲートウェイ
東京モノレール
山手線
品川
東急大井町線
りんかい線
大井町
大森
京急本線
東急池上線
東急多摩川線
蒲田
京急空港線
南武線
東海道新幹線
川崎
京急大師線
鶴見
横浜線
JR・相鉄直通線
鶴見線
東急東横線
新子安
東神奈川
横浜
鉄本線

第二章

有楽町〜横浜

JK 25

有楽町駅

——有楽町で逢いましょう

有楽町といったら、そごうだ。とうの昔に有楽町そごうは店を閉じ、同じビルにはビックカメラが入っている。ただ、よく覚えているのは、有楽町のそごうがプロ野球・読売ジャイアンツの優勝記念セールをよくやっていたということだ。ずいぶん昔、子どもの頃のことだったから事情はわからなかったが、どうしてそごうでジャイアンツ。タイガースファンとしては歯がみをする思いだった。

いまにしてみれば、有楽町そごうとジャイアンツの関係はよくわかる。そごうが入っていて、いまはビックカメラの有楽町駅前のビル。ビルの名でいえば、ここは読売会館なのだ。

読売会館は、建築家・村野藤吾の設計で一九五七（昭和三十二）年に竣工した。直後にそごうの東京一号店として有楽町そごうがオープン。フランク永井の『有楽町で逢いましょう』は、そのコマーシャルソングとして制作されたものだ。そんなそごうも二〇〇〇（平

有楽町駅の国際フォーラム口。目の前には読売会館（ビックカメラ）

成十二）年に閉店し、そのまま居抜きでビックカメラに衣替えをしていまに至る、というわけだ。

そして、読売会館のある有楽町駅前の一等地。ここには、かつて一般紙時代の報知新聞社の本社があった。戦時中から一九四七（昭和二十二）年までは読売新聞社の本社も置かれていた。読売グループにとっては、歴史と由緒たっぷりの縁の地。そういう場所にある読売会館の中核店舗だったそごうで、ジャイアンツの優勝セールが行われる。ごくごく自然のなりゆきだった。

読売会館に代表されるように、有楽町は情報発信の基地だ。読売新聞だけでなく、朝日新聞、毎日新聞も有楽町に東京本社（東京支社）があった。毎日新聞は読売会館西側の新有楽町ビルヂング、朝日新聞は有楽町駅銀座口駅を出てすぐのところにある有楽町センタービル（有楽町マリオン）。有楽町駅を取り囲むように、三大新聞社が顔をつきあわせていたのだ。

有楽町の西側には、日比谷を経て官公庁街が広がり、現在の国際フォーラムは東京市庁舎（のち東京都庁）。それでいて東京駅にも新橋駅にも近く、東には銀座の繁華街がある。官公庁に取材に出かけたり、東京駅などから地方に出張に出かけたり、またときには銀座で飲み食いしながら取材対象から情報を引き出す、なんてこともあっただろう。そうしたあれこれに、有楽町という町はぴったりだったのだ。いっときは、有楽町をして「新聞街」などと呼ぶこともあったという。

有楽町にあったのは新聞だけではない。戦後には、ラジオ東京（現在のＴＢＳラジオ）やニッポン放送が有楽町に本社を置いていた。ＴＢＳラジオはいまでは赤坂に移ったが、ニッポン放送の本社は変わらず有楽町にある。また、東宝や東映といった映画会社の本社も有楽町の周辺だ。有楽町は、ありとあらゆる情報と文化の発信地。そういう時代の面影は、まだまだ有楽町駅周辺に色濃く残されている。

いまも有楽町は賑やかな町だ。

有楽町駅の高架下には日比谷口・国際フォーラム口・京橋口・銀座口・中央口と、五か所も出入口がある。どこも差がないほどに出入りが激しいが、いちばんはやはり中央口だろうか。中央口を出ると、正面にはイトシア、左手には交通会館、右手の路地の向こうには有楽町マリオン。その真ん中に、ちょっとした駅前広場も設けられている。クルマが乗り入れるようなロータリーではなく、イベントなどもできるような広場だ。日比谷方面のオフィス街に用事がないならば、有楽町駅ではひとまずこの中央口の目の前の広場に出るといい。

有楽町マリオンの中を抜けて、その先でも高速道路の高架をくぐれば、数寄屋橋の交差点。真知子巻きでおなじみ、『君の名は』の数寄屋橋。『君の名は』の頃にはまだ流れていた外堀はとっくに埋め立てられて、外堀通りと高速道路に変わっている。

有楽町駅中央口からまっすぐに、有楽町マリオンへ。人通りの絶えない駅前だ

数寄屋橋交差点の向こうには東急プラザや不二家の大きな看板が見え、そのまま東に晴海通りを進んで行けば、銀座四丁目の交差点。角に和光のビルが建つ、銀座の中心的な一帯だ。

反対に、銀座に背を向けて京浜東北線の高架下を潜ってゆくと、ゴジラの像が出迎える日比谷シャンテに日比谷公園。そのままお濠の脇を歩けば、霞ケ関の官庁街へと続いてゆく。こうして有楽町の町中を歩けば、まさにここは日本の中心地。大新聞がこの町に本社を置いたというのも納得である。有楽町駅は、銀座や日比谷、霞ケ関に丸の内、そうしたいくつもの町を結節するターミナルなのだ。

だから、ということなのだろうか。戦後間もないころの有楽町は、風紀の乱れた町だった。ガード下には娼婦が並び、銀座方面に行こうとする男性に体を売っていた。さまざまな人が集まる町は、絶えずこういった側面と隣り合わせなのだ。

こんな話をすると、そもそも銀座の風紀がいいのか悪いのかという問題になってくる。もちろんひとりで歩けないようなそういう治安の悪さとは無縁だが、大枚をはたいてクラブで女性を侍らして豪遊する人たちが、トー横キッズを風紀の悪さの象徴かの如く見下すのもまた、どこかおかしいのではないかと思う。

それはともかく。有楽町。あらゆる町の真ん中にあって、有楽町駅はそれだけで特別な個性を持っているわけではない。むしろ、いくつもの町の個性が駅の中に流れ込み、それが独特なこの駅の空気感を作り出す。京浜東北線も、そんな町の空気を背負って走っているのである。

不二家の看板が印象的な数寄屋橋の交差点。銀座の入口である

JK 24 新橋駅

——なぜサラリーマンの町になったのか

新橋駅もまた、有楽町駅によく似た駅だ。汐留口・日比谷口・烏森口・銀座口。高架下の出入口はあちらこちらに向いていて、どの出入口も同じくらいの人が行き交う。少し寂れているかなあ、などと感じるような出入口がまったくないというのは、さすが大東京のど真ん中。少し歩いただけでも地下鉄やら何やら、他の駅に着いてしまうあたりも、東京らしい。以前、都営地下鉄三田線をよく使っていたとき、新橋に行くために内幸町駅から歩いたものだ。東京の町は、どこも地続きである。

では、新橋駅の〝正面〟はどこなのだろうか。高架の下にぎゅっと駅の施設も押し込められているから、どこが正面なのかがわかりにくい。

現在の新橋駅が烏森駅の名で一九〇九（明治四十二）年に開業したとき、正面の出入口と駅舎は駅の東側、現在の汐留口あたりに置かれていたようだ。いまの汐留口には、お台場・豊洲に向かうゆりかもめの乗り場があって、ロータリーの向こうには新橋駅前ビルが建っている。その先には昭和通りが走り、さらに進むと再開発で生まれた汐

奥に見えるビル群は旧新橋停車場、汐留の再開発エリア。手前は新橋駅前ビル

留のビル群だ。かつては汐留貨物駅、もっと遡ると日本で初めてのターミナル・新橋停車場があった一角である。

烏森駅が開業した時点では、電車運転は烏森駅、列車運転は新橋駅と、役割を分けて両者ともに旅客駅として併存していた。そうしたこともあって、烏森駅の正面が汐留側を向いていたというのもうなずける。

けれどこうした歴史的経緯を脇に置いて、現在の新橋駅はどうかとなれば、やはりＳＬ広場になってくる。実は新橋駅を走ったことがないという車両が、シンボルの如く鎮座する日比谷口の改札前広場。この広場には、昼夜を問わずたくさんの人が歩き、また人を待ち、時間を潰している。

新橋駅の東口。角ハイの広告と鉄道唱歌の歌碑のセットはおなじみの光景

新橋駅のＳＬ広場で必ず見かけるのは、何かしらのアンケートを取っている人や、いろいろな人と名刺交換をしろと命じられたとおぼしき若い会社員の姿。いつだったか、「どうしてもお名刺の交換をさせてください！」と、土下座せんばかりの勢いで頼み込まれて閉口したことがある。彼らも大変なのだろうが、こちらもおいそれと素性の分からない人に名刺を渡す義理もないですからね。

夕方以降、会社帰りの人がＳＬ広場に増えてくると、テレビ局のクルーも繰り出してくる。汐留の日本テレビが多いのだろうか。ＳＬ広場をうろうろしていると、決まって誰かに声をかけられる。アンケートか、インタビューか。

まあ、筆者もあそこで道行く人に何度も取材をしたことがあるから、偉そうなこともいえない。誰かに声をかけられて一度応じた人は、〝対応してくれる優しい人〟と認定されて、次々と声をかけられる。取材陣も仕事だから仕方がないのだが、なんだかお人好しが損をするような感じで居心地が悪い。

ＳＬ広場の脇には、これまた新橋のシンボル、ニュー新橋ビルが建っている。その周りは、新橋の繁華街。ニュー新橋ビルの南側、烏森通りを渡った先にも商店街が続いていて、典型的な東京都心の飲み屋街。いわゆる赤ちょうちんと呼ばれる安酒場も多く、だから新橋は〝サラリーマンの町〟などと呼ばれる。

烏森口を出ると、庶民的な飲食店が軒を並べる繁華街へ

周辺のオフィス街で働く人たちが、仕事帰りに一杯ひっかけるにはちょうどいい。そういう町が新橋だ。いくつか再開発が進んでいる一角もあるけれど、それでも基本的には狭小な店が肩を寄せ合って軒を並べる。こういう町の本質は、終戦直後からほとんど変わっていないのだろう。

ここでもう一度、新橋駅の東側、汐留口に出てみよう。井川遥のウイスキーの広告の下には、ＳＬの動輪と鉄道唱歌の碑。鉄道発祥の地・新橋であることをアピールしているのだろうか。

ただ、言うまでもなく現在の新橋駅は鉄道発祥の新橋駅とは違う。一八七二（明治五）年に開業した新橋停車場は、汐留のビル群の中に埋もれている。烏森駅として開業して以来、新橋駅は電車のための高架駅。はじめは品川駅から目黒、渋谷方面へと走る山手線のための駅だったが、京浜線が運行を開始するとその停車駅にもなった。烏森駅から新橋駅に改称したのは、一九一四（大正三）年十二月二十日、京浜線の運行開始と同時である。

その頃の烏森駅は、文字通り烏森という庶民的な町の玄関口だった。いまは銀座とも地続きだが、現在の首都高のあたりに当時は汐留川が流れていた。銀座と新橋は、明確に隔てられた関係だった。汐留川の北側は、銀座や日比谷。一方の南側は古くからの庶民の町で、小さな木造家屋がギッシリ敷き詰めたように集まっていた。戦後、そうした町が焼け野原になった駅前に、闇市が生まれる。これが、〝サラリーマンの町〟の原点だ。

闇市をベースにした新生マーケットが新橋駅西側に形成され、駅の東側には狸小路と呼ばれる飲み屋街。他のターミナルの駅前は比較的早い段階で闇市の面影が姿を消していったが、新橋では一九六〇年代まで西の新生マーケット、東の狸小路という状況が続く。権利関係が複雑で、簡単には再開発に手がつけられなかったのだろう。そうした時代が長かったことで、サラリーマンの町としての性質が定着していった。

一九六〇年代、ようやくSL広場が整備され、狸小路は新橋ビルに吸収される。一九七一（昭和四十六）年には新生マーケットに変わってニュー新橋ビルへ。新生マーケットで営業していた飲食店は、おおむねニュー新橋ビルに入居している。

だから、ニュー新橋ビルにはいまも昭和のニオイが充満している。さすがに闇市当時の店は見当たらず、チェーン店の類いも目立つ。それでも、昔ながらの喫茶店のすぐ脇に知る人ぞ知るレストランがあって、その近くでは台湾エステ、その隣には金券ショップ、みたいな並びは日本広しといえどもニュー新橋ビルくらいではないか。そんなニュー新橋ビル、建て替えの計画があるらしい。できることなら雰囲気ばかりはこのまま残してもらいたいと思うのだが、いかがだろうか。

JK 23 浜松町駅

――現れては消える高層ビルを、見つめ続ける小便小僧

浜松町駅そのものは、昔からほとんど変わっていない。いつからかというと、一九五六（昭和三十一）年の京浜東北線と山手線の分離、また一九六四（昭和三十九）年の東京モノレール開業の頃からだろうか。

浜松町駅の三・四番ホームの北の端には、季節ごとに衣替えをして通りすがりの人の目を楽しませてくれる小便小僧が立っている。小便小僧がお目見えしたのは山手線との分離運転がはじまった一九五六（昭和三十一）年だ。もちろん浜松町駅が開業したのはそれよりずっと前で、一九〇九（明治四十二）年のこと。一九一四（大正三）年からは京浜線の停車駅となって歴史を刻んできた。ただ、いまのような浜松町は、小便小僧が現れて以後、形作られたといっていい。

浜松町の出入口は、モノレールの駅ビルに直結する橋上と、竹芝通りに出る高架下のふたつ。竹芝通りからまっすぐ西を見据えると、真正面

浜松町駅の高架下。駅の東も西もオフィスビルが並ぶ、オフィス街の中の駅だ

の芝増上寺の奥に東京タワーが聳えている。東京タワーが完成したのは一九五八（昭和三十三）年の十二月。その二年前に現れた小便小僧は、ニョキニョキと天高く伸びていった東京タワーを見つめていた。

東京タワーから遅れること一二年、一九七〇（昭和四十五）年には、高架の駅のすぐ脇に世界貿易センタービルディングが現れる。高さは一六二・五九メートル。翌年に京王プラザホテルができるまで、日本でいちばん高いビルだった。

浜松町の町は、竹芝通りの奥に見える東京タワーと、日本一高い世界貿易センタービル、この二本の高い建物によってその風景が決定づけられた。

しかし、町は変わるもの。いま、浜松町駅にの脇には貿易センタービルがない。建て替えのために二〇二三（令和五）年までに取り壊され、二〇二七（令和九）年には新しいビルが建つ予定なのだという。すでに、仮囲いの向こうにはタワークレーンが見えて、工事が始まっていた。

かつては日本一だった貿易センタービルが消えた。そのことを実感しにくいのも、浜松町駅の特徴なのかもしれない。

消えた貿易センタービルの隣には、二〇一八（平成三十）年に完成した浜松町クレアタワーが建っている。クレアタワーができる前、ここに何があったのかと問われると記憶がない。町の移り変わりというのは得てしてそういうものなのだが、古い地図を引っ張り出してみると、駐車場だったようだ。つまり空き地、遊休地に巨大なビルが建ったというわけだ。

さらに、消えた貿易センタービルの南側には、貿易センタービル南館が二〇二一（令和三）年に完成している。駅の東側には、竹芝通り沿いに汐留芝離宮ビルディング、汐留ビルディング。首都高の高架を潜って竹芝ふ頭に近づくと、ポートシティ竹芝というビルも建つ。どれもこれも、二〇〇〇年

奥に見えるのはクレアタワー。貿易センタービルの脇に建った新しいビルだ

代以降に建てられた高層ビルばかりだ。浜松町駅は、貿易センタービルに始まって、とにかく高層ビルに取り囲まれて歴史を刻んできた駅なのである。

そして、浜松町の町はいまも絶えず変貌している。高層ビルがあっちに生えて、あっちが消えたらこっちに生えて。モノレールが京浜東北線を跨ぐ高架の脇には歩行者のための自由通路もあって、その先には東芝の本社ビルも聳えている。東芝のビルは一九八四（昭和五十九）年に完成した。貿易センタービルと並んで浜松町のシンボルだったが、このビルももう間もなく姿を消す予定だという。

東芝は、ラゾーナ川崎に本社機能の多くを移転した。そのため、浜松町のビルの役割が小さくなり、再開発計画を決定。現在は、南側にあった別館を取り壊して将来の「S棟」を建設中だ。二〇二五（令和七）年度のS棟完成後には、現在の東芝の本社ビルを取り壊してN棟が建てられる。すべて完成するのは

浜松町駅の東側には旧芝離宮恩賜庭園。紀州藩浜屋敷から有栖川宮邸を経て、大正時代に東京市に下賜された

二〇三〇（令和十二）年度の予定だ。高さ二三五メートルのツインタワーになるのだとか。

この再開発エリアには、わずかな期間だけ存在していたカートレインの乗降場跡地も含まれている。時代の徒花、クルマ社会に対抗しつつ共存しようと試みた国鉄が、挽回の機会を求めて一九八五（昭和六十）年に導入したサービス。浜松町には、一九九〇（平成二）年頃から乗降場が設けられた。当初はそこそこ人気を博したようで、ＪＲ時代もサービスは継続する。ただ、クルマの大型化もあって低迷。一九九九（平成十一）年には廃止された。浜松町の乗降場は、その後も半ば放置される形で残されていた。それが再開発で消えることになる。

高層ビルが、次々に生えてはまた消えて、次々に生まれる。変化の著しい浜松町の町の中で変わらないのは、駅のすぐ東側に広がる芝離宮、そして駅のホームの小便小僧くらいなものだ。

JK 22

田町駅 ——ロセッタと倉庫とお立ち台

田町駅は、駅の西口と東口でまったく違う姿を見せる駅である。

西口は、またの名を三田口という。駅前のペデストリアンデッキから第一京浜を渡った先には、慶応仲通り商店街という細い路地裏商店街。ここを抜けると、いうまでもなく慶應義塾大学三田キャンパスが出迎えてくれる。それでいて、すぐ近くにはNECの本社をはじめとするオフィスビルも建ち並び、学生街とオフィス街が混然となった町並みが形作られている。

一方の東口。こちらは芝浦口という。

一九〇九（明治四十二）年に田町駅が開業した当時、芝浦口一帯は、まだ海の上だった。その当時あった施設というと、埋立地から三〇〇メートルほど桟橋を渡った先に繋留されている豪華客船ロセッタ号をホテル代わりに営業していたロセッタホテルくらいなものだ。

余談だが、ロセッタ号を建造したイギリスのハートランド・アンド・ウルフ社は、のちにあのタイタニック号も

田町駅三田口。開業時には海の上だったが、いまは見違えるような都市の玄関口に

建造している。

それはともかく、海の上の客船ホテルがあるくらい、かつての田町駅の東側は何もない海の上。それが、いまの芝浦口はどうだ。まったく見違えて、駅前には高層ビルが建ち並び、ムスブ田町にグランパークと、人通りが絶えない一角になっている。その先で運河を渡っても、商業施設からオフィスビルまでが並んでいて、少し離れれば大きなマンションも多い。ザ・ウォーターフロント。文字通りの海沿いの新しい町が広がっている。

そうした町のところどころには、歴史を感じさせる倉庫もちらほらと建っている。なぎさ通りと呼ばれる芝浦口の目抜き通りをまっすぐゆけば、首都高の下を通ってレインボーブリッジのたもとまで通じている。ここまで来れば、かつての芝浦口一帯がどのような町だったのかが、はっきりと分かってくるはずだ。

埋め立てで生まれた芝浦口は、工場や倉庫が建ち並ぶ、どちらかというと武骨で殺伐とした港湾エリアだった。昭和初期から戦後にかけて東京港の整備が進み、芝浦もその一部を構成していた。一九二五（大正十四）年には東京港で初めての埠頭となる日の出埠頭が完成。次いで戦前・戦中には芝浦・竹芝にも埠頭が整備される。日の出は関東大震災の復興物資の水揚げ用、芝浦や竹芝は大陸からの軍需物資の水揚げという役割を持っており、特に芝浦は軍事目的が勝っていた港だった。

豊洲や晴海といった埋立地に本格的な東京港が整備されるのは戦争が終わってからになるが、田町駅東側の芝浦一帯は、東京では特に早くから生まれた港湾地帯として歴史をスタートしたのである。周囲には多くの倉庫が建ち並び、港湾エリアで働く人たちの通勤に資するために芝浦口も設けられている。

芝浦一帯の港湾が整備される中で、一九三〇（昭和五）年には貨物専用の芝浦駅も開業している。

田町駅から歩いて5分ほど、かつてジュリアナ東京があった雑居ビル

戦後にいたっても東京都港湾局が運営する貨物線が行き交い、東京港の中核を担う。しかし、少しずつコンテナ船やRORO船の時代になり、港湾からの輸送も鉄道からトラックへと切り替わる。そうして東京港の中心は大井のコンテナ埠頭などに移り、一九八〇年代には専用線も姿を消した。

そして、東京港のいわば原点ともいえる芝浦一帯の港湾エリアは、徐々に存在感を低下させてゆく。そんな時期に入り込んできたのが、バブルの狂乱であった。

一九八九（平成元）年、運河沿いに大型ディスコ・芝浦ゴールドがオープンする。使われなくなっていた倉庫を改装してディスコホールに設えたものだ。倉庫街は、巨大な屋内スペースを確保できる上、周辺環境も相まって昼夜を問わず大きな音を出していても近隣の迷惑になることがない。最近も新木場の「ageHa」が一世を風靡したが、これも倉庫や工場が多く集まる新木場という立地を活かして実現したクラブスペ

運河沿いにはオフィスビルやマンションが並ぶ。ウォータフロントを代表するエリアだ

ースだ。

だから、芝浦の倉庫街は倉庫としての役割を終えると、そのままディスコなどのクラブとして活用されることが多かった。ウォーターフロント、などという言葉が生まれたのもバブルの頃だ。一九九一（平成三）年には、田町駅から歩いて五分ほどの雑居ビル、倉庫の跡を利用したジュリアナ東京もオープンする。倉庫街に近い田町は、突然にバブルを象徴する町になったのである。

そんなバブルの狂乱からもう三〇年以上。いまの芝浦には、バブルを象徴するようなものはもう残っていない。いくつかの倉庫がそのまま残っているあたりは、港湾エリアだった時代の名残りというべきか。そして、いまの芝浦は大きなマンションが増えている。

武骨な港湾都市からバブルのウォーターフロントへ、そして海に面するマンションエリア。田町駅東口、芝浦口の一帯は、先を走り続けた時代の象徴のような町なのである。

JK 21

高輪ゲートウェイ駅

――変わり続ける四年目の新駅

二〇二〇（令和二）年の五月頃。コロナ禍の真っ只中、最初の緊急事態宣言が発令されて町から人が消えていたあの頃、初めて高輪ゲートウェイ駅を訪れた。なぜ訪れたのかはよく覚えていないが、人が少ないうちに新駅を見ておこうと思ったような。

そのときの高輪ゲートウェイ駅は、まだ開業から二か月くらいしか経っていなかった。だから、というよりは緊急事態宣言のおかげもあって、本当に人がいなかった。橋上のコンコースががらんとしていて、完成して間もない駅舎の真新しさも相まって、妙に寒々しく感じたものだ。なんだか、間違って異世界に迷い込んでしまったような、そういう感覚になった。まあ、あの頃はどんな繁華街であっても人が消えていたから、世界中が異世界に迷い込んでいたのだが。

その後も何度か高輪ゲートウェイ駅を訪れているけれど、たくさんの人がいると感じたことは一度もない。二〇二〇（令和二）年の五月に高輪ゲートウェイ駅で

工事中のエリアが多く、動線が制限されている2024年秋の高輪ゲートウェイ駅前

降りたお客は筆者ひとりだけ。さすがにそんなことはもうないが、ホームで電車を待っていても、何人ものお客がホームで並んでいる、などという光景を目にすることはないままだ。五分間隔で走っている山手線や京浜東北線の電車が行ってしまい、次の電車が来るまでにホームからもコンコースからも人がいなくなる。高輪ゲートウェイ駅は、そういう駅だ。

高輪ゲートウェイ駅から少し歩くと第一京浜へ。京急泉岳寺駅もすぐ近く

二〇二三（令和五）年度の一日平均乗車人員は、一万一一一〇人だ。山手線では最小、京浜東北・根岸線の中でも、上中里駅に次ぐ少なさだ。開業初年度、二〇二〇（令和二）年度は六七八五人だったのだから、それと比べればだいぶ増えたともいえる。

けれど、ＪＲ東日本は開業初年度から二万人以上のお客を見込んでいたというから、だいぶ開きがある。開業当初はコロナ禍だったから仕方がないにしても、いまだって遠く及ばない。

高輪ゲートウェイ駅が設けられた理由のひとつは、田町～品川間の駅間距離が離れているからだった。駅間距離が開いていると、その中間付近の人たちはどちらかの駅まで結構歩かなければならない。田町～品川間は駅があろうがなかろうがすでに大都会の真ん中だから、困っている人が結構いるんじゃないか。そして彼らが新駅を使ってくれるのではないか。そういう期待があったに違いない。

さすがにもう、興味本位でこの駅に来る人は少ないだろうが、一万一〇〇〇人ほどのお客の多くはこの駅周辺で暮らしたり働いたりしている人だ。ただ、急に新駅ができたって、すでに京浜東北・山手線の駅などない頃からの生活パターンはおいそれとは変えられない。もともと田町〜品川間の中間付近には都営浅草線・京急線の泉岳寺駅があるし、山側に入れば浅草線の高輪台駅もある。それに、いくら遠いといっても品川駅まで歩いて十五分とかからない。

それならば、わざわざ新駅を使うまでもなかろう。何が何でも高輪ゲートウェイ駅を使わねば、などという事態はめったに訪れない。そうした状況が、開業四年目の新駅を覆っている。開業前の、駅名を巡るあれこれだとか、発掘された高輪築堤を巡るあれこれだとか、それらはいまの高輪ゲートウェイ駅にはほとんど関係ないのである。

それでも、二〇二三（令和五）年秋の高輪ゲートウェイ。まったく無人ということはなく、降りるお客も幾人か。反対に、デカいスーツケースを転がして、あたりをキョロキョロ見渡しながら改札に入ってくる人もいる。近くの第一京浜沿いにはホテルもあるから、そこに泊まっている外国人観光客なのだろうか。彼らにとってみれば、高輪ゲートウェイ駅は宿泊場所の最寄り駅。新しいけど誰もいないよねえ、なんて会話をしているのかもしれない。

改札口を抜けると、目の前は工事現場だ。せっかく新しい駅なのに、外に出るためには工事の仮囲いの脇を通らねばならない。さらに、第一京浜まで出ようとすると、工事現場の脇の道を数分ばかり歩くことになる。

見上げれば、超高層のビルが完成間近ということが見て取れる。ただ、人の姿もまばらだし、工事現場というのはどうしたって無機質になる。賑やかさとはまったく無縁の駅前風景である。

駅の前は工事中。2025年春にはオープンする予定

そんな高輪ゲートウェイ駅、ついに変わるらしい。

そもそも、高輪ゲートウェイ駅は品川車両基地の一部を再開発して生まれる「TAKANAWA GATEWAY CITY」（高輪ゲートウェイシティ）と紐付くことによって本来の力を発揮する。その高輪ゲートウェイシティが、二〇二五（令和七）年三月についにまちびらき。駅に面する「THE LINKPILLER 1」が先行してオープンし、同時に高輪ゲートウェイ駅も全面開業。新しい出入口も設けられることになるという。商業施設のニュウマン高輪が入り、二〇二五（令和七）年に先行オープン。展示会やイベントもできるスペースや、高輪築堤とはじめとする歴史遺産を取りあげるスペースもできるとか。

ＪＲ東日本のリリースを読んでも、イノベーションやらプラットフォームやら、カタカナだらけで結局どうなるのかがよくわからないのだが、少なくとも二〇二六（令和八）年には、残りの区画を含めて高輪ゲートウェイシティが全面オープンするのだという。とどのつまり、周囲のビルが完成してみなければ、高輪ゲートウェイ駅の本領は発揮されないし、どういう個性を抱えた駅になるのかもわからない。開業から四年後の高輪ゲートウェイ。もしかすると、人のいない新ターミナルを味わえるのは、あとわずかなのかもしれない。

JK 20

品川駅 ——次は、高輪

一八七二（明治五）年に開業した品川駅は、日本で初めてのターミナルである。同年六月十二日、新橋～横浜間の本開業に先立って、品川～横浜間で仮営業を開始した。そのとき、品川駅は始発駅として開かれた。十月十五日には新橋～横浜間が本開業し、四か月ばかりで始発駅としての役割は終わったのだが、それでターミナル・品川が終わったわけではない。

一八八五（明治十八）年には、日本鉄道が敷設した品川線（現在の山手線）が乗り入れる。これによって、乗り換えのターミナルとなって発展の足がかりを得る。品川駅は、生粋のターミナルなのだ。

とはいえ、当時の地図を見れば一目瞭然。品川駅のすぐ東側は海であり、その時点ではまったく開発の余地など見当たらない。

『鉄道唱歌』は「窓より近く品川の　台場も見えて波白く　海のあなたにうすがすむ　山は上総か房州か」と歌う。

高輪口から駅を挟んで港南口には高層ビル群。1990年代以後急速に開発が進んだ

大森貝塚を発見したエドワード・モースは、「すぐに江戸湾の水の上に、海岸と並行して同じような形の小さい低い島が五つ一列にならんでいるのが見える」と書く（『日本その日その日』）。

どちらも見ているのは品川の沖合に浮かんでいた台場だ。モースは五つの島と書いたが、実際には六つの島。一八五三（嘉永六）年に来港したペリー艦隊がいったん帰国した折、幕府が黒船対策として作らせた砲台の島、お台場だ。いま、品川駅やそこに至る京浜東北線に乗っていても、海沿いのビルに阻まれてお台場は見えない。けれど、明治の昔には手の届きそうな所にお台場が見えて、さらに遠く房総半島まで望める、そういう絶景の車窓が広がっていたのだ。

高輪口前の柘榴坂。奥には高輪プリンス。手前の工事中エリアは旧東京グース

それがいまはどうだ。まったく、品川駅はマンモスターミナルに姿を変えた。

二〇〇三（平成十五）年に東海道新幹線品川駅が開業したのが契機になったのか。それとも、一九九八（平成十）年に駅が橋上化されて、東西を結ぶレインボーロードが完成したからか。いずれにしても、いま品川駅にやってきて改札を抜けた先の自由通路に出れば、その人通りの多さに圧倒される。

自由通路には、朝に港南口方面に向かう人は真ん中を通り、高輪口方面に向かう人は端っこを通るというルールがある。朝だけでなく昼間でも、なんとなくみんなこのルールに従って歩いているようだ。人通りが多いのに、ぶつかりそうになることはない。渋谷のスクランブル交差点とは大違いだ。何も知らず

目下工事中の品川駅高輪口。高架の京急線も地上駅に変更される予定だという

にスーツケースを引っ張りながら真ん中を歩く外国人観光客が、白い目で見られていた。

これはつまり、朝の品川駅には港南口方面、駅の東側に向かう人が多いということだ。それだけ品川駅港南口には働く場所、オフィスがあって、実質的に品川の中心的なエリアになっている。かつては海の上だった、港南口である。

港南口は、海を埋め立ててできた町だ。埋立地には機関区や貨物駅、車両基地といった鉄道施設が広がり、さらに海側には倉庫街や工場街が続いていた。いまは大井に移転している東海道新幹線の車両基地も、開業時は品川に置かれていた。武骨で無機質な、そういう町だった。港南口に設けられた出入口も、そうした武骨な町で働く人のためのもの。このあたり、田町駅と成り立ちはそっくりだ。

しかし、そうした鉄道施設のほとんどは、一九九〇年代から再開発の対象となって、すっかり様相を改めた。新幹線の車両基地も、貨物スペースとあわせて廃止され、跡地はインターシティを中心とするオフィスビル街になった。それに刺激され、港南口一帯はあっという間にビジネスゾーンに変貌する。ＪＲ貨物の品川機関区が川崎に移転したのは、レインボーロードが完成した一九九八（平成十）年のことである。

こうしていつしか人の流れは高輪口ではなく港南口へ。いまの品川駅は、あとからできた港南口がまるで正面のようになっている。

それに引き換え、高輪口はずっと変わっていない。京急の駅ビルがあるにはあるが、ＪＲの駅舎は国鉄時代を偲ばせるような小さなもの。それに見合う小さな駅前広場が第一京浜に面していて、通りを渡ると品川プリンスホテル。目の前の柘榴坂《ざくろざか》を登っていけば、高輪プリンスホテルも見えてくる。品川は、なぜか西武の、プリンスホテルの町なのだ。西武王国といってもいい。

ちなみに、高輪プリンスホテルは長らくプロ野球のドラフト会議の会場になっている。プリンスホテルは西武ライオンズと同じ、西武、コクドのグループ企業だった。だから、ドラフトのくじ引きではライオンズに有利になる仕掛けが施されていた……。さすがにパリオリンピックの柔道のルーレットもびっくりの都市伝説である。

ともあれ、そんな高輪口もいよいよ変わろうとしている。

すでに、西口再開発事業に伴う工事が始まっている。駅前の東京グースはすでに取り壊され、駅前広場やそれに隣接する遊休地でも工事中。いまは高架の京急線も、二〇二七（令和九）年には地上駅になるのだとか。そういえば、いつになるかはわからないけれど、リニアの駅ができるのも品川だ。ターミナルとしての品川は、まだまだ変化をやめるつもりはないらしい。目の前が海。そして高輪口はすぐに高台。そんな窮屈なところに生まれた駅が、よくもまあここまで変わってきたものである。

JK 19

大井町駅 ——東京城南、品川区のターミナル

品川駅は品川区ではなく港区にある、などというのは、耳にたこができるほどよく聞かされるトリビアだ。他にも、目黒駅は目黒区ではなく品川区だとか、新宿駅は一部が渋谷区にかかっているとか、そんなだからどうしたと言いたくなるようなトリビアがある。

品川駅ができたときにはもちろん品川区などはなかった。駅の名は、南側すぐ近くにあった旧東海道の品川宿から頂いたものだ。品川区の名もその点においてはまったく同じ。東海道五十三次でいちばん最初の宿場町・品川は、いまの時代にあっても東京南部のターミナルとして存在感を保っている。

……と、ここまでは品川駅のお話。ここからは、本格的に品川区のお話である。

現在の品川区、東は大井のコンテナ埠頭から、西は東急目黒線の武蔵小山駅付近まで。南北は品川駅南の八ツ山陸橋付近から大森駅のすぐ北まで広がっている。そんな品川区にあって、ちょうど地理的な中心に位置しているのが大井町駅だ。

大井町駅は西側にアトレ、そして広大な駅前広場が設けられている

だからなのか、品川区役所は大井町駅が最寄り駅。東口にはヤマダ電機が入る複合ビルがあって、そこにはきゅりあんという文化ホールも入っている。ちなみに、この複合ビルの間を抜けて東に進むと京急線の鮫洲駅があって、鮫洲の免許センターも近い。大井町駅から歩いて二十分ほどだろうか。いずれにしても、大井町駅の周辺は、名実ともに品川区の中心的なターミナルにふさわしい。

まず、乗り入れ路線からして恵まれている。ＪＲ線は京浜東北線だけで、東海道本線の列車は通過してしまう。けれど、他に東急大井町線とりんかい線。城南方面から新宿、大宮、お台場方面まで、大井町駅から乗り換えナシでアクセスできる範囲は想像以上に広い。

駅の周囲の商業施設も圧巻だ。東口のヤマダ電機もさることながら、線路の上の人工路盤の上には駅ビル・アトレが建っている。一九九三（平成五）年に営業を開始した、アトレとしては三店舗目。ＪＲの駅の中では、線路の上に設けられた駅ビルは大井町が初めての例なのだという。

アトレから駅の外に出て、広大な西口駅前広場の向こうには阪急大井町ガーデンがある。阪急の商業施設は、色合いからデザインまで、一目で阪急らしさが感じられるようにできている。安田大サーカスのクロちゃんの如く、目隠しをされてこの駅に連れてこられて阪急ガーデンを最初に見たら、関西に来たのではないかと勘違いしてしまいそうだ。

東急の大井町駅と西口駅前広場の間には、イトーヨーカドー。線路沿いには古い商店街があって、裏道には東小路という闇市をルーツに持つ飲食街もある。上品に決め込もうと思えばアトレや阪急、庶民派の安酒場の馴染みになりたければ東小路。日常的な食料品の買物ならばヨーカドー。ここまで偏りなくバランスの取れた町は、なかなか見かけない。大井町駅は、そうした町の玄関口だ。

山手線からひとつ外れた京浜東北線の単独の駅が、どうしてこれほどバランスの取れた品川区の中心駅になったのだろうか。

大井町駅の開業は一九一四（大正三）年のこと。その頃の大井町周辺には、まだ市街地のようなものは存在していない。当時のいちばん近い市街地は、海に近い旧東海道沿い。京急線の鮫洲付近が、品川宿から続く町になっていた。

ただ、駅ができれば市街化が進むのは世の常だ。少しずつ海沿いから市街地が拡大して駅に近づき、一八九二（明治二十五）年には駅前に後藤毛織の大井工場が開設される。一九一八（大正七）年には、近くに日本光学の工場もできた。他にも三菱鉛筆や東京電気などの工場が建ち並び、京浜工業地帯の一角に。王子駅の周辺が東京近郊の工業地帯として栄えたように、大井町も都心に近く鉄道が通り、それでいてまだ開発が途上ということで、工業化が進んだのである。

カネボウの工場跡地は阪急大井町ガーデンに

後藤毛織は、のちに東京毛織を経てカネボウになり、一九五〇（昭和二十五）年に一部が操業を停止。事務所棟が阪急百貨店に売却され、一九五三（昭和二十八）年に阪急百貨店大井町店が開店している。その後、残っていた工場も一九六〇年代半ばには閉鎖。阪急百貨店が増床を繰り返し、再開発を経て現在の阪急大井町ガーデンになった。

日本光学は、現在のニコンだ。戦前戦中は海軍のための光学機器を生産し、戦後は双眼鏡やカメラの製造工場に。工場としての生産機能はすでに移転したが、二〇二四（令和六）年夏に本社を大井に移している。駅前から日本の本社に向かう道筋の名は、「光学通り」という。もちろんニコンの旧社名から頂いたもの。入口には、光学通りの標識とともに、ニコンのロゴマークも掲げられている。かつて工業地帯だったことを今に伝える、そういう役割を果たしている。

そして、大井町には車両基地もある。東京総合車両センターだ。ルーツは一九一四（大正三）年に開設された大井工場。新橋駅構内が手狭になったことで徐々に機能を大井に移転して誕生した。一九六七（昭和四十二）年には電車区を併設。二〇〇四（平成十六）年には大井工場と電車区が合併し、東京総合車両センターになった。車両基地に隣接する品川区役所は、一九六六（昭和四十一）年に敷地の一部を国鉄から取得して建設したものだ。現在も、車両基地の一部を対象に再開発が進行中。二〇二五（令和七）年度末には、大井町の新たなシンボルが誕生することになる。

このように、大井町は工業地帯として、そして鉄道の町として歴史を刻み、そこで働く人のために飲食街が成立し、現在に続いている。カネボウの工場は戦争で焼けてしまい、跡地は闇市になったという。闇市に並んでいた飲食店は、のちに路地裏の東小路をはじめとする飲食街に吸収された。完全に消えることなく、闇市の面影をも残したことが、バランスの取れた大井町を形作ったのもまた事実だ。大井町は、京浜東北線が停まるだけの駅、などという簡単なものではなく、名実ともに品川区の中心の町なのである。

ニコン本社に通じる道には「光学通り」の名。工業地帯・大井町の面影だ

JK 18 大森駅

――モース博士と大森貝塚

大森駅にやってくると、ホームの上に「日本考古学発祥の地」なる碑が置かれているのが目に留まる。その上には、縄文土器のレプリカまで飾られている。発祥の地とは、いまでもなくエドワード・モース博士が発見した大森貝塚だ。モース博士は、汽車に乗って横浜から新橋に向かうその途中、車窓を眺めているときにそれを発見した。本当なのかと疑ってしまうが、本人が自らの著書でも書いているのだから、たぶん本当なのだろう。

いまも、大森駅の橋上駅舎から西口に出て、「地獄谷」という線路沿いの路地飲食街を抜けた先、オフィスビルの合間を線路沿いまで下ってゆくと、大森貝塚の碑が建っている。実際の貝塚はもう少し北側で発見されたらしいが、少なくとも大森という名を全国に知らしめた存在である。何しろ、教科書にも載っているくらいだから、日本人全員が知っている。おかげで大森駅は、京浜東北線の中では東京や横浜、上野といっ

大森駅東口の駅前広場。写真の中央左側には鉄道院時代の鉄柱が展示されている

た大ターミナルに次いで有名な駅なのではないかと思う。

モース博士とは関係ないが、大森駅の開業は早い。一八七六（明治九）年、つまり鉄道開業のわずか四年後に、中間の新設駅として開業している。鉄道開業と同時に保線工夫の詰め所が置かれたが、すぐに使われなくなって駅舎に転用したのだという。これまた本当かどうかはよく分からないが、早い段階で大森駅が開業したことだけは事実だ。

大森は、『鉄道唱歌』で「梅に名をえし」と歌われている。近隣には大森海岸や大森八景園、また池上本門寺などの行楽地があった。そうした行楽地への玄関口として開業したのかどうか。本当のところはわからないけれど、開業時の大森は、駅周辺に取り立てて何があるわけでもない一帯だった。

いまの大森駅周辺は、梅林こそなくなったが、さすが東京といっていいくらいに賑やかな繁華街が周囲に形成されている。西口は線路に並行して池上通りが通り、そこがそのまま商店街。地獄谷の飲食街は池上通りと線路の間の谷間に設けられている。ショッピングセンターの大森ララは、直接大森駅にも繋がっている事実上の駅ビルだ。

ララの先、ジャーマン通りの坂の下は山王口という名の交差点。池上通りを挟んだ西側は高台になっていて、〝山王〟と呼ばれる町が広がる。高台の上には内閣総理大臣を務めた清浦奎吾《きようらけいご》らが邸宅を構えており、清浦邸まで続く細い道は「清浦さんの坂」などと呼ばれていたという。他にも多くの政財界の要人から文人墨客が居を構え、「馬込文士村」と呼ばれる文化人ゾーンまで形成されている。田端の文士村ではないけれど、下町を見下ろす高台は、文学の道をゆく人に愛されやすいのだろうか。

反対の東口。アトレの入る駅ビルを出ると、立派な駅前広場が待っている。駅前広場の端っこには鉄道院時代の鉄柱が展示されていて、大森駅の歴史の重みを訴えかける。駅前広場から北側はどちらかというとオフィス街。商業エリアは大森海岸通りを挟んで南側に広がっている。

大森海岸通りはそのまま駅に近づくとガード通りという名に変わり、緩やかにカーブをしながら線路の下を潜るガード下へと続いてゆく。ガードの前からまっすぐ南東に向かって伸びているのが、「ミルバ」と呼ばれるアーケード。かつて、大森銀座といった商店街だ。

駅が開業した当時の大森の中心は、大森駅周辺ではなかった。むしろこのあたり、山王、または新井宿といったほうが正確だ。一八八九（明治二十二）年に入新井村が発足し、一九一九（大正八）年には入新井町へ。一九三二（昭和七）年になって、ようやく大森区が設置されてその一部に含まれた。大森駅が本当に大森になるまでは、ずいぶんと時間がかかっている。

では、大森とはどこなのか。答えは、大森銀座をずーっと南東に下った先の、海沿いだ。旧東海道に沿って、大森の中心地があった。京急線の平和島駅付近がそのあたり。いまも大森本町という地名があるが、そこが本来の大森だ。

大森は、すぐ東の大森海岸での海苔の養殖で有名だった。江戸時代、浅草海苔と呼ばれるブランドは、大森で養殖された海苔を浅草で製品化して販売したものだったという。

大森駅西口は池上通りに面する。「大森ララ」や地獄谷など商業施設も多い

土産物が現地で生産されていないことがわかるとちょっとショックだが、江戸時代から似たようなことがあったのだ。

それはともかく、大森の本来は大森駅とは遠く離れた南東の海沿いに。大森駅と名乗ったのは、海苔の養殖や大森海岸で知名度を得ていたからだろうか。そして、大森銀座のアーケードは、大森海岸の中心地と大森駅を結ぶためのメインストリートだった。

もうひとつ、大森駅と海沿いの間には、線路が通っていたこともある。京急電鉄が京浜電気鉄道と名乗っていた時代、線路を東京都内まで伸ばしてくる過程で、一九〇一（明治三十四）年に大森駅前～八幡（現・大森海岸）までの路線を開業していた。一九〇四（明治三十七）年には品川方面に延伸したので完全な支線になって本線の運転系統とは切り離される。ただ、その後も徒歩圏内とは言い難い大森駅と旧東海道沿いを走る京急線を連絡する役割を担い、一九三七（昭和十二）年に廃止された。

この支線の跡地は、そっくりそのまま大森海岸通りとして残っている。大森駅の近くでは、ループ線で折り返す構造。それはガード通りの緩やかなカーブなどにそのまま残っている。駅前から繁華街へ通じる一角は、そうした歴史をいまに伝えているのだ。

駅の周辺には繁華街エリアも。かつての大森の中心地、大森本町方面に続く

JK 17

蒲田駅

——キネマの天地とトリスバー

蒲田といったら、モヤイである——。そう思って、久しぶりに蒲田駅にやってきた。

新島特産のコーガ石にイースター島のモアイ像をモデルに彫刻を施し、島のあちこちに置かれる新島のシンボル。そのモヤイは、一九八四（昭和五十九）年に蒲田駅の東口商店街に寄贈された。以来、ずっと蒲田駅東口駅前広場の顔役だ（ちなみに渋谷駅のモヤイは一九八〇年に寄贈されたもの。宮崎県にあるものはモヤイではなくモアイ像）。

そんなわけで、久しぶりにモヤイに会えるのを楽しみにしていた。ところが、せっかく来たのに蒲田駅の東口駅前広場、工事中だった。だからモヤイ像もそこにはいない。工事中は一時お引っ越し中で、駅前広場の工事が終わったらまた戻ってくるらしい。モヤイのいない蒲田駅。なんだか寂しい気持ちになってしまった。

しかし、町行く人々は、モヤイがいないことなどまるで気に留めていないようだ。駅前の賑やかさも、分

蒲田駅東口。大きな駅前広場、右側には東急の駅ビル「東急プラザ」

け入った繁華街の活気も、モヤイがいようといまいと変わらない。それくらい、蒲田の町は活気に満ちている。

　モヤイとは反対の西口に出てもそれは同じで、大きな駅前広場の向こうにはアーケードの商店街が続く。駅の近くのユザワヤは、蒲田が発祥の地だ。東急線のガード下には、バーボンロードという名の商店街。商店街というよりは、飲み屋街といったほうがいいだろうか。

　蒲田駅には、ＪＲ線では京浜東北線しか停まらない。東急線も乗り入れているが、蒲田に来るのは池上線と東急多摩川線という、ローカル色の勝っている路線だ。ＪＲ線の東側には京急線が通り、羽田空港への玄関口を成す。ただ、蒲田駅前はそれとは少し離れていて、特に蒲田駅西口の賑わいとはあまり関係がない。いったいどうして、蒲田駅はローカル色を備えながら、それでいてこれだけ活気を得ているのだろうか。ただの活気ではなくて、猥雑さがほどよく心地の良い、そういう庶民的な歓楽の町。蒲田という駅は、実に独特な個性を放っている。

東急の高架沿いに続く飲食街「バーボンロード」

　蒲田駅は一九〇四（明治三十七）年に開業した。品川～川崎間の京浜東北線三兄弟、大井町・大森・蒲田の三駅のなかでは、二番目の駅だ。蒲田駅より三十年ほど早く、一八七六（明治九）年には大森駅が開業している。

　大森駅と蒲田駅がある東京都大田区は、大森区と蒲田区が一九四七（昭和二十二）年に合併して生まれた。区の名前も、大森と蒲田から一文字ずつ頂いた合成地名。だから、いまも大森と蒲田の間はライバル関係だという。どちらの駅も、駅の周りの賑わいぶりはそっくりだ。お客の数で蒲田駅が上回っているのは、乗り換え駅でもあるからだろう。ほとんど二つのターミナルは五分と五分といっていい。

ところが、蒲田には駅前に大田区役所がある。以前は大森区内にあったというが、一九九八（平成十）年に移転してきた。

もともとは蒲田駅の貨物扱いスペースで、国鉄末期に売却。そのとき、大田区も区の施設を建設するために入札に参加したが、落札したのは桃源社という不動産会社だった。バブルに乗って経営を拡大していた桃源社は、蒲田駅前の一等地を取得するとそこにビルを建てた。が、ビルができた頃にはバブルは崩壊、桃源社の経営も悪化していた。工事代金を支払うことができず、ビルはまるごと銀行や建設会社が差し押さえ。地元では、幽霊ビルなどと呼ばれていたという

それを大田区が購入し、そのまま居抜きで区役所を持ってきた、というわけだ。大森から蒲田へ。それも潰れた不動産会社のビルを買い上げて。大森の人たちはどう思ったのだろうか。すでに、蒲田に大田区役所がやってきてから四半世紀が経っている。

そしてもうひとつ、蒲田には大森にはない強みがある。駅の東の路地の先、京急蒲田駅から空港線に乗って羽田空港に向

蒲田駅東口、商店街を抜けたところにはアロマスクエアと大田区民ホール。松竹撮影所跡地だ

かうその沿線。そこには、たくさんの工場がある。いわゆる大田区の町工場。下町ロケットの世界である。町工場の後背地としての商業エリア。それが、蒲田の持つ性質だ。だからこそ、庶民的で心地の良い猥雑さを持つ繁華街が形成されたのだろう。

●描かれる蒲田

蒲田の町は、とにかくよく描かれる。

ゴジラが遡ってきた呑川は、蒲田駅の北側を流れる

たとえば、記憶に新しいところでは『シン・ゴジラ』。物語の序盤で、第一形態から第二形態へと進化しながらゴジラが上陸したのが蒲田であった。呑川を遡りながら、周囲のビルもなぎ倒し、逃げ惑う人々。公開されたのは二〇一六（平成二十八）年だ。

二〇一二（平成二十四）年に放送されたNHKの朝ドラ『梅ちゃん先生』でも、蒲田は舞台となっている。終戦直後から高度経済成長期までを描いており、蒲田駅前の闇市の活気も描かれていた。

そして、松本清張の『砂の器』だ。

蒲田駅の南西にある車両基地（作中では操車場、現在は大田運輸区）で男性の遺体が発見されて物語がはじまる。その男性は、直前に蒲田のトリスバーで他の男性と二人で飲んでいたことがわかる。しかし、それより前の足取りは不明。遺体の身元も分からずに、捜査陣を苦しませる。トリスバーで二人が話していた「カメダ」の言葉をきっかけに、手がかりを求めて刑事は東北は羽後亀田まで出張捜査。結局、この「カメダ」は奥出雲の亀嵩《かめだけ》だったということがわかるのだが、それは物語の中盤以降だ。

すべてをネタバレするわけにはいかないので、『砂の器』のストーリーを追うのはこれくらいにしておくが、いまだに色あせない社会派ミステリーの大傑作である。何度も映像化されているが、どうせ見るならば一九七四（昭和四十九）年に公開された映画がおすすめだ。作品のキモが原作通りに描かれているし、人目を避けた親子の旅のシーンもたまらない。丹波哲郎と森田健作の刑事コンビがカッコいい。あの森田健作が……。

森田健作はともかく、そんな『砂の器』の出発点が蒲田の町だ。それというのも、蒲田の町がありとあらゆる人を呼び寄せて受け入れる、そういう包容力のある町だからなのではないかと思う。昭和の昔、戦争が終わって間もない頃の蒲田では、愚連隊が暴れているのも当たり前だったという。そのすぐ脇で、地元の人が普通に酒を飲んでいる。筋金入りの、庶民のための歓楽街。そして、そんな蒲田を形作ったものにはもうひとつ。忘れてはいけない、映画の町である。

蒲田の松竹の撮影所は、一九二〇（大正九）年に開業した。松竹本社があった築地からもほど近く、まだまだ蒲田駅の周囲はのどかな田園地帯。広い土地を確保しやすかったという事情もあったようだ。

蒲田の撮影所で製作された、一九二九（昭和四）年公開のサイレント映画『親父とその子』。その主題歌が、ルドルフ・フルムル作曲のオペラを原曲に堀内敬三が詞をつけた、『蒲田行進曲』だ。映画公開後も蒲田撮影所の所歌として親しまれ、のちにはつかこうへいの舞台・映画『蒲田行進曲』で広く知られることになる（舞台・映画の『蒲田行進曲』は東映の京都撮影所が舞台で、蒲田は直接関係していない）。いまでは蒲田駅の発車メロディとしてもおなじみだ。

ともあれ、撮影所を中心に、蒲田は映画関係者が集まる町になった。黎明期の日本映画を支えたのは、間違いなく蒲田の町であった。

しかし、蒲田の撮影所は一九三六（昭和十一）年に閉鎖され、大船に移る。その頃にはサイレント映画からトーキー映画に時代が変わっていたが、一方で蒲田の町中には町工場も増えていた。トーキー映画の撮影に、工場の騒音は厄介だ。そこで、蒲田を撤退して移転することが決まったという。それでも、撮影所を中心に多くの映画館が建ち並ぶ、映画の町・蒲田の性質は失われることはなかった。まだまだ何もなかった田園地帯の中の蒲田駅前に撮影所ができて人が集まり、町工場も進出して繁華街が形成される。いわば、東京城南の新開地・蒲田であった。

蒲田駅西口、駅前から10分ほどの場所にある東横インの1号店

そうした蒲田で生まれたものが、もうひとつ。ビジネスホテルチェーンの東横インだ。一九八六（昭和六十一）年、東横インは蒲田に一号店をオープンしたところからはじまった。〝東横〟は、東急東横線とは何の関係もなく、東京と横浜の中間（つまり蒲田）から。いまもその一号店は営業を続けている。訪れてみると、どこでも同じような外観の東横インにしては珍しく、雑居ビルをそのままホテルにしたような姿をしていた。客室内の設備はどうなっているのだろうか。いつか一度、蒲田の東横インに泊まってみたいと思う。

JK 16 川崎駅

——急げや電氣の道すぐに

　これは個人的な印象に過ぎないのかもしれないが、川崎には工業都市というイメージがある。京浜工業地帯を代表する都市としていちばんに思い浮かぶのは川崎だ。もちろん東京都内にも横浜市内にも、工場は多い。それでも、川崎は工業都市としてここまで発展してきた町だというふうに思っている。

　ところが、川崎駅にやってくると、工業都市のイメージはまるで的外れなのではないかと思ってしまう。実際に、川崎駅の風景は工業都市のそれとは真逆、正反対。大きく間口を開いた改札の先の自由通路を左に折れれば、ラゾーナ川崎が待っている。右に折れて地下に下れば地下街のアゼリア。地上の駅前ロータリーは広大で、真ん中で目に留まるのは坂本九の『上を向いて歩こう』の歌碑。坂本九が川崎出身だから、それを記念したものなのだろう。

　駅前広場には大きなバス乗り場があって、その向こうには京急線の高架が通っている。ルフロンにチッタデッ

川崎駅東口は、広大なロータリー。商業都市・川崎の玄関口だ

ラと大型商業施設は駅の東にも西にも目白押し。これでもかというほどに、ひたすら商業の町。京急線の高架をくぐれば、銀柳街という大きなアーケード街が東西に通っている。駅前広場と銀柳街の間は、仲見世通りやたちばな通りといった細い道で結ばれて、南北には駅前大通り、市役所通りといった幅広の道も通る。

ちなみに、市役所通りをずっと東に行った先には、かつて川崎球場があった。昭和のパ・リーグ、ロッテオリオンズのホームスタジアム。伝説の流しそうめん……ではなく、一〇・一九決戦の舞台だ。いまは富士見球場と名を変えて、川崎球場時代のスタンドや照明灯が一部残されている。

ともあれ、川崎駅の周りの商業ゾーンを歩く限りでは、この駅が工業都市・川崎のターミナルであるなどと、誰が信じられるのだろうか。そもそも、川崎の工業都市というイメージが間違いなのではなかろうか。

もちろん、ひと昔前の川崎駅は確かに工業都市らしいターミナルだった。駅の西側のラゾーナ川崎は、東芝の工場の跡地だ。駅のすぐ隣に大きな工場が広がっている、まさに典型的な工業都市の駅前風景だった。

さらに、駅の北東には明治製菓の工場もあった。その跡地はソリッドスクエアというオフィスビルに生まれ変わった。一九九〇年代から二〇〇〇年代にかけて、川崎駅周辺の工場は軒並み操業を停止、移転してオフィスビルか商業施設に姿を変えている。こうした動きは川崎に限った話ではなく、都市部の工場は次々に地方に移転していった。東京と横浜という、巨大な都市に挟まれた川崎とて、例外ではなかったのだ。

ついでにいうと、工業都市・川崎を構成していたのは何も駅前だけではない。海沿いの埋立地もさることながら、多摩川沿いを走る南武線沿線、武蔵小杉や武蔵溝ノ口といった駅の周囲も工場だらけだった。多摩川の水と砂利、南武線による鉄道輸送が、川崎の内陸部まで工業地帯にしていった。しかし、こうした内陸の工業地帯も一九九〇年代から二〇〇〇年代にはあっという間に姿を消して、住宅都市へと変貌していった。いま、工業都市・川崎を体現しているのは、もはや海沿いの埋立地ばかりだ。

そんな川崎のターミナル。しかし、最初から工業都市のターミナルだったわけではない。一八七二（明治五）年に開業した、日本最初の駅のひとつである川崎駅。それから三〇年ほどのちの一九〇〇（明治三十三）年に発表された『鉄道唱歌』では、「急げや電氣の道すぐに」と歌う。電気の道というのは、一八九九（明治三十二）年に開業した大師電気鉄道のことだ。川崎駅前から川崎大師までを結んだ、いまの京急電鉄のルーツである。川崎大師への参詣客輸送を巡って、のちに激しく国鉄と覇権を争うことになる宿命のライバル。それだけ川崎大師がとてつもないお寺ということだ。

川崎大師のとてつもなさはいまも変わっていない。数年前、川崎大師に初詣で訪れたが、京急線の川崎大師駅前から参拝を終えるまで、二時間以上はかかったような記憶がある。

また、川崎大師の存在感は、鉄道が開通して高まったわけでもない。それ以前、江戸時代から江戸近郊を代表する寺院のひとつだ。近くには、東海道の川崎宿があって、旅の途中に寄り道する人も少なくなかったに違いない。

銀柳街。川崎の中心といっていいアーケードの商店街だ

川崎の都市としてのルーツは、川崎宿にある。川崎駅前から京急線を潜り、アーケードの銀柳街の一筋東。そこを南北に通っているのが、旧東海道だ。川崎宿の本陣も、ちょうど川崎駅に近い繁華街のど真ん中、川崎信用金庫本店の場所にあったという。

川崎宿の旧東海道沿いは、いまも川崎の中心市街地だ。北に歩いて少し脇道に入ると、ソープランド街がある。これはもともと川崎宿で飯盛女を置いていた旅籠がルーツ。明治に入って工業化が進むと、工場で働く人たちをお客に取って命脈をつないだ。川崎競馬場や川崎競輪場といったギャンブル場も、工業地帯ならではのレジャースポット。川崎球場が〝昭和のパ・リーグ〟を象徴していたのだって、工業都市・川崎にあったことが大きな理由かもしれない。

旧東海道川崎宿のど真ん中、川崎信用金庫本店の角。そこには、ひとつの記念碑がある。佐藤惣之助の生誕の地、なのだという。佐藤惣之助、みなさんご存知でしょうか。そう、我らが『阪神タイガースの歌』、六甲おろしの作詞者だ。タイガースファンの心の歌は、福島生まれの古関裕而《こせきゆうじ》が作曲し、川崎生まれの佐藤惣之助が作詞して生み出された。なんとも不思議な縁である。

こちらは旧東海道。川崎宿は日本橋からはじまって二番目の宿場町

JK15 鶴見駅

――移転した總持寺と川の向こうの沖縄タウン

鶴見駅が開業したのは一八七二（明治五）年、つまり新橋～横浜間の開業と同時に生まれた駅だ（正確には、鶴見駅が営業を開始したのは新橋～横浜間開業の翌日だった）。他に中間に設けられた駅は、品川・川崎・神奈川だ。

品川・川崎・神奈川の三駅は、いずれも旧東海道の宿場町に近い。宿場にひとつ、ターミナル。そういった意図で設置されたのであろうことは想像に難くない。では、鶴見駅はどうなのか。

鶴見には、宿場町はなかった。鶴見駅の北、鶴見川を挟んだ対岸の市場や、南側の生麦には宿場間の休憩地（立場）が設けられており、特に生麦などは漁村としてもそれなりに賑わっていたという。生麦の名は、幕末に薩摩藩の行列が通りがかったイギリス人を斬り殺し、薩英戦争に発展するという生麦事件が起こった地として知られている。

ただ、市場と生麦の中間の鶴見には、これといった町はなかった。そうした場所に駅ができたのはどうしてなのだろう。どうせなら、どちらかに近づけたほうがよかったのではなかろうか。

本当のところはよくわからないが、川崎と神奈川の間にひと

鶴見駅には駅ビル「シャル鶴見」。駅前からは臨海部への路線バスも発着する

つ駅を設けるのは、駅間距離からいってそれほど不思議なことではない。市場か生麦、どちらか一方に駅を置くと、いろいろとややこしい事態が生じかねない懸念があって、中間の鶴見に白羽の矢が立ったのかもしれない。

ともあれ、そうして生まれた鶴見駅が、いまでは鉄道ネットワークのジャンクションに育つのだから、不思議なものだ。

鶴見駅にホームがあるのは京浜東北線と港湾部に繰り出す鶴見線だけだ。しかし、線路は東海道本線とその支線が無数に広がる。品鶴線、武蔵野線などが新鶴見信号場を経て鶴見駅付近で合流してくるのだ。だから、鶴見駅にはホームを持たない線路がたくさん並ぶ。そして、京浜東北線のホームに立っていても、ありとあらゆる列車が行き交うのを眺めることができる。東海道本線の中距離電車も、貨物列車も。

東海道本線の貨物支線が相次いで建設されたのは、大正時代から昭和初期にかけて。武蔵野線や東京貨物ターミナルに通じる支線の建設は戦後の一九七〇年代になってからだが、それ以前からすでに鶴見駅周辺は鉄道のジャンクションになっていた。

これほど巨大なジャンクションができたのは、川崎や横浜などと違って周辺に土地の余裕があったからだろう。つまり、鶴見というとりたてて何があるわけでもない町に駅ができたことが、ジャンクションの発達を促した。それが翻って埋立地側の工業地帯としての発展も促進することになるのだから、歴史の運命の歯車というのはおもしろい。

さて、京浜東北線しか停まらない現在の鶴見駅。鉄道以外に目を向けても、いまや一五〇年前の開業当時からまったく見違えている。

駅ビルはシャル鶴見という大きな商業施設。東側にはこれまた大きな駅前広場を抱えていて、南側に面して建っているのは複合ビルのサルビアホール。駅前広場を挟んだ向こう側に京急線の高架が通っているのは、川崎駅とよく似た構造だ。京急線の線路の脇には、旧東海道も通っていて、そのままるごと京急鶴見駅前の商店街になっている。きっと、鉄道がない時代の旧東海道よりも遥かに賑わっているに違いない。

東海道を少し南に歩いて、東側を通っている第一京浜との間の路地に紛れ込む。そこには旧東海道の商店街とはいささか雰囲気が違った異質の世界が広がっていた。古い商店長屋が建ち並び、いわゆるオトナのお店の看板を掲げているところもちらほら。だいたいは、一〇人も店に入れば一杯になりそうな酒場だ。歓楽街というほどの立派な規模ではないけれど、普通の繁華街とはひと味違う。そういう小さな一角が、鶴見駅のすぐ近くに残っている。

京急鶴見駅の東側は商店街「BELL ROAD」。旧東海道だ

この一帯は、かつての〝三業地〟だ。大正時代、鶴見川東側の埋め立てが進み、多くの工場が生まれた。その後背地として商業が発達し、工場に通う人々を当て込んだ料亭や芸妓屋が現れる。川崎から横浜へ、その海沿いに広がる京浜工業地帯。あらゆる面でそれを象徴する町のひとつが、鶴見なのだ。

鶴見駅の発展を促したもうひとつのきっかけが、駅の西口の高台にある。曹洞宗の大本山、總持寺だ。總持寺は、もともと石川県の輪島市にあった。しかし、一八九八（明治三十一）年に火事で焼失。そこで禅の普及のために、一九一一（明治四十四）年に鶴見駅西の高台にやってきた。以来、駅の西側は門前町のようになって市街地が形成された。

京浜工業地帯は、他にも新しい文化を生み出している。鶴見川を渡った東側、潮田と呼ばれるエリア。その中には、沖縄出身の人々が集まっている沖縄タウン、仲町商店街がある。いまではだいぶシャッター街の趣が強くなっているし、外国人の姿も目立つ。ただ、沖縄タウンとしては大正時代頃から沖縄の人々が移り住み始めた、伝統的な地域である。生活が苦しかった沖縄の人々が、仕事を求めてやってきたとか、ブラジルへの渡航を試みたものの書類の不備で叶わず、そのまま鶴見に住み着いたとか、そう言われている。戦後も沖縄からの移住は続き、二〇二二（令和四）年の朝ドラ『ちむどんどん』でも登場した。

ちなみに、潮田と鶴見の市街地を結ぶ潮見橋。この橋は一九一〇（明治三十三）年に架かったのだが、当時は通行が有料だった。そこで、鶴見の埋立地を開発した浅野財閥の総帥・浅野総一郎が一肌脱ぐ。橋を買収した上で村に寄付し、通行料をタダにして誰もが通れるようにしたのだという。そのおかげで、鶴見の市街地と鶴見川対岸の潮田の往来は飛躍的に便利になって、双方の発展をもたらした。伝説の実業家は、地域貢献にあっても有形無形の貢献をしているのだ。

鶴見は、旧東海道の通り道のすぐ脇にあって、工業地帯と總持寺という二つのキーワードのもとに育ってきた町だ。開業当時、何もなかった寒村は、寒村だったからこその発展を遂げ、いまや横浜市を代表する〝副都心〟の一角になっている。

沿岸埋立地の工場を背景に発展した旧三業地エリア。いまも歓楽街の面影

JK 14 新子安駅

――無機質な駅前風景と京急との関係

鶴見駅から横浜駅までの京浜東北線は、ほぼまったくといっていいほど京急線と並んで走っている。品川駅を出てから、川崎駅で少し接近するのを除けば、お互いにそれなりに距離を取りながら走ってきた。だから、どちらも品川から横浜までを結んでいるのに、競合していそうで競合せず、絶妙な棲み分けが成り立っていたのだ。

ところが、鶴見駅からは事情が変わる。急に最接近して、仲良く肩を並べて走り始める。駅の数では圧倒的に京急の方が多いので、棲み分けという点ではそれなりに成り立っているのかもしれないが、ここまで並んでしまうと否が応でも比較される。どちらが早いだの、安いだの。いちおうまとめておくと、鶴見（京急鶴見）〜横浜間の所要時間は、京浜東北線が一一分。京急の急行は八分だから、京急に軍配があがる。運賃はICカードを使って京浜東北線が一七八円、京急が二二八円。京浜東北線の方が五〇円安い。どちらを

新子安駅は産業道路の高架下。出入口は東にひとつあるだけだ

選ぶのか、実に微妙なところである。

話を元に戻すと、どうしてつかず離れずの良い距離感だったふたり……ではなく京浜東北線と京急が、急に接近することになったのか。それは、地図を見ればすぐに分かる。グーグルマップのような地図ではなく、標高がわかるようなタイプの地図だ。

京浜東北線と京急線が通っているこの場所は、すぐ山側には高台が、海側にはそのままだけれど海がある。いまでは埋立地が広がっているが、およそ鉄道を通すほどの余裕はない。そんな海沿いと線路の間の狭いところには、国道一五号、第一京浜が通る。ここでは旧東海道も第一京浜と重なっている。こうしたことからも、あらゆる交通機関が高台と海の間のギリギリのスペースを通っていることがよくわかる。

こちらは旧東海道。奥の高架は産業道路

そうしたわけで、京浜東北線の新子安駅も、目と鼻の先に京急の線路が通り、京急新子安という駅がある。

近接しているふたつの新子安。先にできたのは、京急の方だ。京急新子安駅は、一九一〇（明治四十三）年に新子安駅の名で開業した。遅れて一九四三（昭和十八）年に京浜線の新子安駅が開業すると、京急側は駅名変更を強いられる。はじめは京浜新子安、一九八七（昭和六十二）年に京急新子安駅に改めた。京浜線側の新子安駅は、最初から京浜線、つまり現在の京浜東北線しか停まらない駅として開業している。だから、京浜新子安駅に改称したところで、紛らわしさは変わらないと思うのだが、どうだったのだろう。

　京浜東北線の新子安駅が開業したのは、戦争の真っ只中だ。駅の海側の埋立地には、軍事関連の工場が並んでいた。というか、この時期の工場はどこもかしこも軍需工場。以前は民生品を生産していた工場であっても、すべからく軍需物資の生産にかり出されていた。

　新子安駅は、そういう軍需工場で働く人たちのための、通勤の駅だった。だから、新子安駅は軍事目的の駅、ということになる。

　そうした時代の面影は、いまもそれほど変わっていないように思える。

　ホームの下の通路を抜けて、海側だけにある小さな駅舎。改札の向こうには小さなニューデイズがあって、その裏には京急線の線路が通っている。京急の線路沿いを少し歩いて踏切を渡れば、ものの一分で京急新子安。京急新子安駅は各駅停車しか停まらないから、乗り換えにはあまり適さない。実際、新子安駅を訪れた時に降りたお客は何人もいたが、乗り換えで使っている人はいなかった。

　新子安駅の真上には、高架で産業道路が通っている。さらに新子安駅の駅前には、第一京浜から産業道路に上

左に見える踏切は京急線のもの。駅前広場の小さな商店街の並びに京急新子安駅がある

がっていくためのループ線。かつての東海道にあたる第一京浜沿いには老舗とおぼしき商店も並んでいるが、すぐ向こう側はもう埋立地だ。佐川急便の大きな倉庫があって、日亜化学や日産自動車、ENEOSの工場が建ち並ぶ。いまでも新子安駅は、こうした工場で働く人が通勤で使っているのだろう。近くに東横インの看板が見える。きっと、工場への出張客をあてこんでいる。ならば、大型連休などには穴場のホテルとして使えるのかもしれない。

いずれにしても、そういう意味でも、開業した頃から新子安駅の本質はほとんど変わっていない。京急新子安駅の脇には申し訳程度の商店が並んでいるが、この駅の周辺は、無機質な町だ。

と、これで終わってしまっては、新子安駅に申し訳が立たない。駅の山側、京浜東北線や東海道本線の線路をまとめて跨ぐ跨線橋を抜け、さらに産業道路も渡った先には、ちょっとしたロータリー。高い階段を登らねばならぬので、新子安駅の改札からは意外と時間がかかるのだが、ここが新子安駅の〝玄関口〟とでもいうべきか。

線路の向こうのロータリーの傍らには、オルトヨコハマという再開発ビルがあって、そこに入っているのは相鉄グループのスーパーマーケット、そうてつローゼンだ。〝相鉄〟の存在を感じると、いよいよ横浜だ、と実感させられる。

右手が京急線、左手がJR。その間には本慶寺という寺院がある

JK 13

東神奈川駅 ——横浜鉄道と神奈川駅

新子安駅を出発し、線路の脇に京急線の子安駅を眺める頃、北から横浜線の線路が合流してくる。横浜線は、東海道本線や横須賀線の線路と一緒に京浜東北線すらも跨ぎ、京急線との間に食い込むように入り込んでくる。そのあと、京浜東北線の横浜方面（つまり南行）の線路だけが横浜線の下を潜って、東神奈川駅へ。東神奈川駅は、横浜線の線路を京浜東北線が挟み込むような構造をしている。橋上駅舎はちょっとした駅ビルで、東側にはペデストリアンデッキ。デッキを間に挟んで正面に、京急線の京急東神奈川駅がある。

京急東神奈川駅は、二〇二〇（令和二）年三月に仲木戸駅から改称したばかりだ。仲木戸駅の頃から乗り換え駅だったのだが、それを明確にしたということだろう。

駅の西口、山側には、国道一号（第二京浜）を跨ぐデッキがそのまま続き、ロータリーに通じている。ここから東へ延びる大通りを進めば、東急東横線の東白

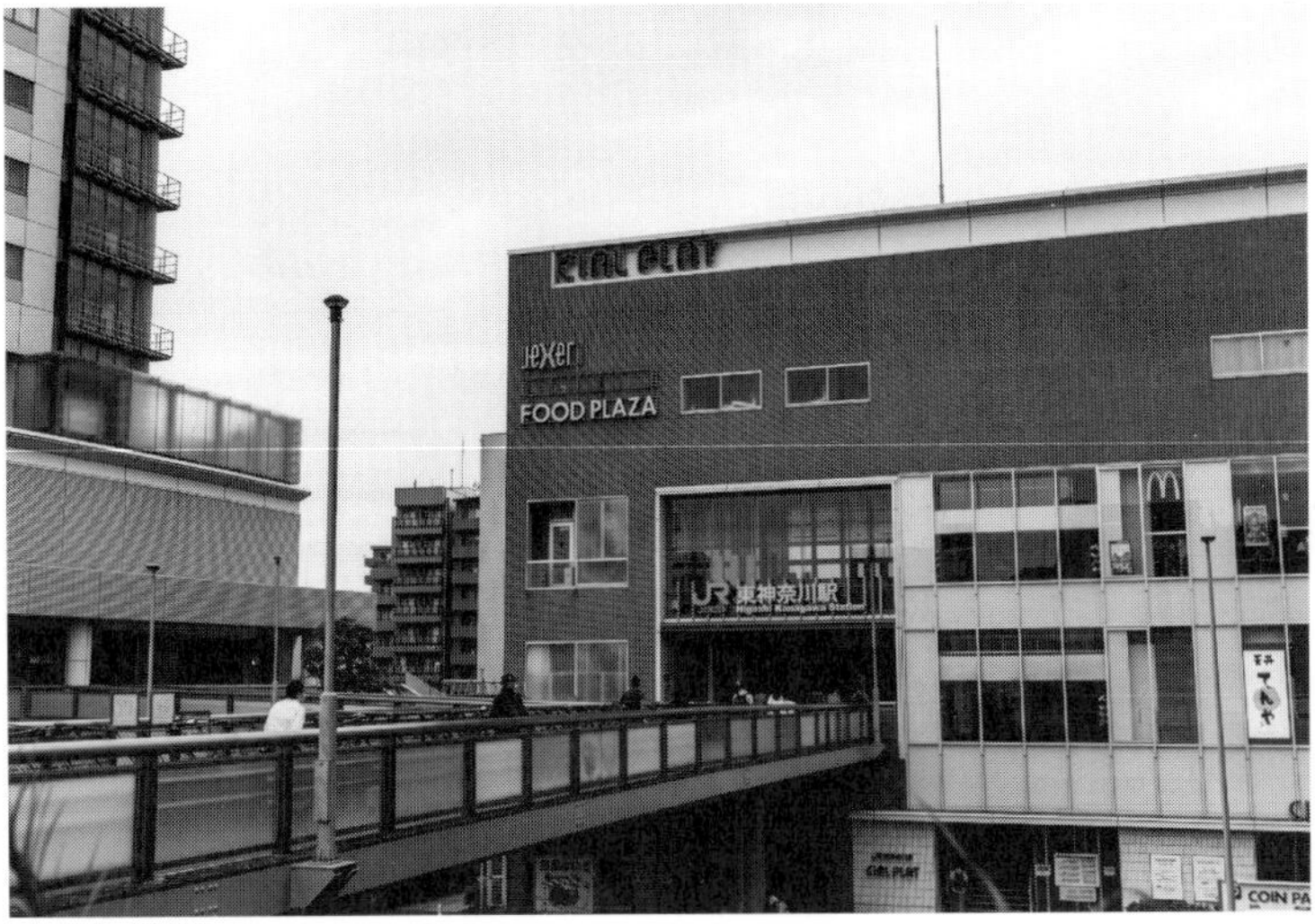

駅ビルが入った東神奈川駅舎。飲食店やスーパーが営業している

楽駅だ。東横線は高架の東白楽駅を出ると、すぐに下って地下へ潜る。二〇〇四（平成十六）年に始まったみなとみらい線との直通運転をきっかけに、地下化した区間だ。残された地上の廃線跡は、東急フラワー緑道として整備されている。

このように、東神奈川駅は工業地帯が近い海側はともかく、山側はもうすぐに住宅地に面している。神奈川区役所も近く、線路沿いには神奈川銀行アイスアリーナ。東日本大震災直後、地元・仙台のリンクが使えなくなった羽生弓弦選手が練習をしていたこともあるという。

東神奈川駅が開業したのは、一九〇八（明治四十一）年だ。まだ京浜線の電車運転が始まっていない頃で、開業させたのは国鉄ではなく私鉄の横浜鉄道である。

横浜鉄道は、いわばシルクロードラインだ。相模原や八王子で盛んに生産されていた生糸を、横浜に輸送することが目的の私鉄路線。貿易港・横浜に直結したことで、国産シルクは世界に名を轟かせる。横浜では大岡川沿いを中心に捺染業が繁栄し、横浜のスカーフが世界トップのシェアを占めていたこともある。その背景には、横浜鉄道、のちの横浜線によってシルクの産地と結ばれていたことがあることは、疑う余地がない。

そうした目的で開業した東神奈川駅だから、駅設置に関するコストはすべて横浜鉄道が負担している。東神奈川駅から海沿い埋立地の倉庫街までの支線も建設されている。ただ、時代はちょうど不景気で、横浜鉄道は開業早々経営難に陥った。沿線人口はまだまだ少なく、もちろん新幹線の新横浜駅などない時代。旅客列車は一日六往復しか走っていなかった。結局、横浜鉄道は東神奈川駅開業から一〇年も持たず、一九一七（大正六）年に国有化。横浜線となって続くことになる。

その後、横浜線沿線の相模原地域には、多くの軍事施設が集まるようになる。横浜線はその輸送路線として活躍し、一九四〇年代には早くも電化が完成している。東神奈川駅は、横浜鉄道国有化後も要のターミナルとして存在感を示したのである。

ところで、東神奈川駅というからには、東がつかない神奈川駅があるはずだ。いまでも京急線には神奈川駅がある。だが、天下の国鉄が私鉄の神奈川駅の東だから東神奈川駅などと名付けるはずもなかろう。つまり、当時は国鉄にも神奈川駅があったのだ。

東口にはペデストリアンデッキ。奥には京急東神奈川駅。旧駅名は仲木戸駅だ

神奈川駅は、旧東海道の神奈川宿のすぐ近く、まだ現在の横浜駅一帯が入り江だった頃に設けられた。開業は一八七二（明治五）年。新橋～横浜間開業と同時に生まれた駅のひとつだ。

江戸時代の横浜は、小さな寒漁村に過ぎなかった。のちに三七〇万都市になるとは想像も及ばない、海と丘陵地ばかりの小さな村。その中にあって、数少ない繁栄地が東海道の神奈川宿だ。神奈川駅は、東神奈川駅が開業した時点でもまだ存在していた。駅間距離は手が届くほど。だからより一層、東神奈川駅が横浜鉄道の駅であったことが際立ってくる。

ただ、一九二八（昭和三）年に横浜駅が現在地に移転すると、神奈川駅は廃止される。実質的に、横浜駅が神奈川駅を吸収して移転したような形だ。神奈川駅があった痕跡はもう消え失せているが、すぐ東には神奈川宿の跡が残り、西の高台は高島台。もう線路沿いから横浜駅の駅ビルが見えるような、そういう場所だ。神奈川県という県名も、この横浜市内でいちばん最初の〝市街地〟だった神奈川宿から頂いたものである。

話を東神奈川駅に戻す。

東神奈川駅の三・四番線のホームには、立ち食いそば店が営業している。関東地方の立ち食いそば店は、だいたいＪＲ東日本グループのいろり庵きらくになっている。それぞれの駅独自の味に巡り会えなくなって久しい。ところが、東神奈川駅の立ち食いそばは、一九一八（大正七）年から営業しているという、地元の店だ。横浜鉄道が国有化されてすぐに店を構え、一〇〇年を超える伝統の味。そうした個性をいまも保っているのは、この駅のはじまりが国鉄ではなく、私鉄の横浜鉄道だったから。大げさかもしれないが、決して無関係ではないと思う。

西口から見る東神奈川駅。少し離れればもう横浜の住宅地エリアだ

JK 12 横浜駅

――終わらないサグラダ・ファミリア

いよいよ京浜東北線の旅は終わる。南の終点、横浜駅である。実態としては、横浜駅で終点を迎える京浜東北線の列車はなく、すべて根岸線内に入って少なくとも桜木町までは走る。だから、終点という感じはまったくしないのだが、路線としての範囲は横浜駅でおしまいである。

京浜東北線の横浜駅ホームは、三番線と四番線。横浜駅のJR線は三番線から一〇番線まであって、そのうち一番海側、東側の島式ホーム一面を使っているだけだ。大宮駅でもそうであったが、この巨大なターミナルにあって、京浜東北線は脇役を強いられる。主役は東海道本線のような中距離路線で、どうしたって〝電車線〟の京浜東北線の立場は弱くなる。

横浜駅京浜東北本線のホームの隣には、京急線のホームもある。京急線横浜駅は、二面二線。私鉄のターミナルにしてはいささか窮屈だ。JR線が三番線からはじまっているのは、一・二番線を使う京急線からの通

海側、つまり開業時の正面である横浜駅東口。近くには崎陽軒の本社ビルも建つ

し番号なのだろうか。

ホームから半地下の自由通路に出ると、その幅の広さと人通りの多さに圧倒される。さすがに乗り入れ路線数日本一の大ターミナルだ。西口に出ると、そのまま二〇二〇（令和二）年に完成したＪＲ横浜タワー。駅前には巨大な駅前広場があって、脇には高島屋が入る相模鉄道のターミナルビル・相鉄ジョイナスだ。

ジョイナスを抜けた南側には、ビブレなどを中心とする繁華街が広がる。この一帯は、かつて石油の油槽所や砂利置き場があったが、戦後に相模鉄道によって開発が進められて市街地に生まれ変わったエリアだ。

駅前広場の北側には高速道路の下を川が流れ、渡った先には高層マンションなどが建ち聳える。すぐ脇に風俗店が看板を掲げていたりするから、その違和感がおもしろい……などと話題になったこともある。変貌する大都市のターミナルならではの光景、といったところだろうか。

そして、東口。こちらは横浜駅がこの場所で開業して以来の正面玄関だ。駅の脇には中央郵便局、高速道路を潜った先にはそごうがあって、崎陽軒の本社も駅前に。ザ・横浜、である。そごうよりも先は、もう帷子川の河口で、そのまま海沿いのみなとみらい21地区へと続いてゆく。

駅の周りに高速道路と川が張り巡らされ、駅ビルはかえって駅の存在を薄くするほどにドデカい。日本有数のターミナルだというのに、横浜駅はどうにも窮屈な、そういう印象も抱く。

横浜駅は、二度の移転の結果、ようやくこの場所にやってきた。

現在地に開業したのは、一九二八（昭和三）年のことだ。それ以前の横浜駅は、少し南の京浜東北線沿い、高島町交差点付近にあった。関東大震災で大きな被害を受けたことで現在地に移転している。それに伴って、二代目横浜駅から保土ケ谷方面に続いていた路線は廃止された。

二代目の横浜駅は、一九一五（大正四）年に設置されている。初代、つまり一八七二（明治五）年に新橋〜横浜間で開業したときの横浜駅は、港湾部に近づけることを優先するあまり、西へ延伸することを考慮していなかった。おかげで、しばらくの間は初代横浜駅でスイッチバックをしてから保土ケ谷方面に走っていたという。それではいくらなんでも、不便が過ぎた。そこで二代目の横浜駅に移転したのだが、震災のおかげでわずか一三年での移転を余儀なくされた。そうして、ようやく現在地に移ってきた。

横浜駅西口のJRタワーもようやく完成。2024年秋の時点では、工事中のエリアはほぼ見当たらない

現在地に移ってきてからも、横浜駅は安定しなかった。そもそもいまでは繁華街になっている西口側が、油槽所や砂利置き場だったというのだから、未開発の新開地に生まれた新しいターミナル。西口が設けられたのは戦後の一九四八（昭和二十三）年だ。本格的にターミナルとしての設えを整えたのは、相模鉄道の駅舎が完成した一九五六（昭和三十一）年になってから。以後、飛躍的に西口の発展もはじまって、現在のターミナル・横浜が形作られる。

その間も、横浜駅は工事に次ぐ工事の連続だった。いつもどこかで工事をしているから、人呼んで〝日本のサグラダ・ファミリア〟。いつまでも工事が終わらない様子を揶揄したものだ。が、これってちょっぴりサグラダ・ファミリアに失礼なのではないかとも思う。

本家本元、スペインのサグラダ・ファミリアも、まだ完成はしていない。ただ、ガウディの設計を元におおよその完成形は固まっているし、最初は三〇〇年とも言われた工期も新技術の導入で大幅に短縮され、二〇三四（令和十六）年には完成する予定だという。

それに対して、横浜駅は後から付け足し付け足し、修繕とリニューアル、駅舎の建て替えや拡張を繰り返してきたものだ。初代横浜駅からの二度の移転を含めれば、一八七二（明治五）年から延々と続く、完成形を知らない工事。二〇二〇（令和二）年にJRタワーが完成し、ようやくこれで工事はひと段落……と思ったら、今後は相鉄の駅ビル、相鉄ジョイナスの建て替えが予定されているという。まだまだ横浜駅は未完成なのである。

ちなみに、サグラダ・ファミリアは一八八二（明治十五）年に着工した。完成までは一五〇年ほど。そうなると、横浜駅の方が長い間工事を続けているということになる。いったいいつになったら、ぼくらは完成した横浜駅を見ることができるのだろうか。いや、横浜駅が巨大なターミナルである以上、そういう日は永遠に訪れないのかもしれない。

相模鉄道の駅ビル・ジョイナス。横浜駅西口の発展を促した立役者も、建て替え計画があるという

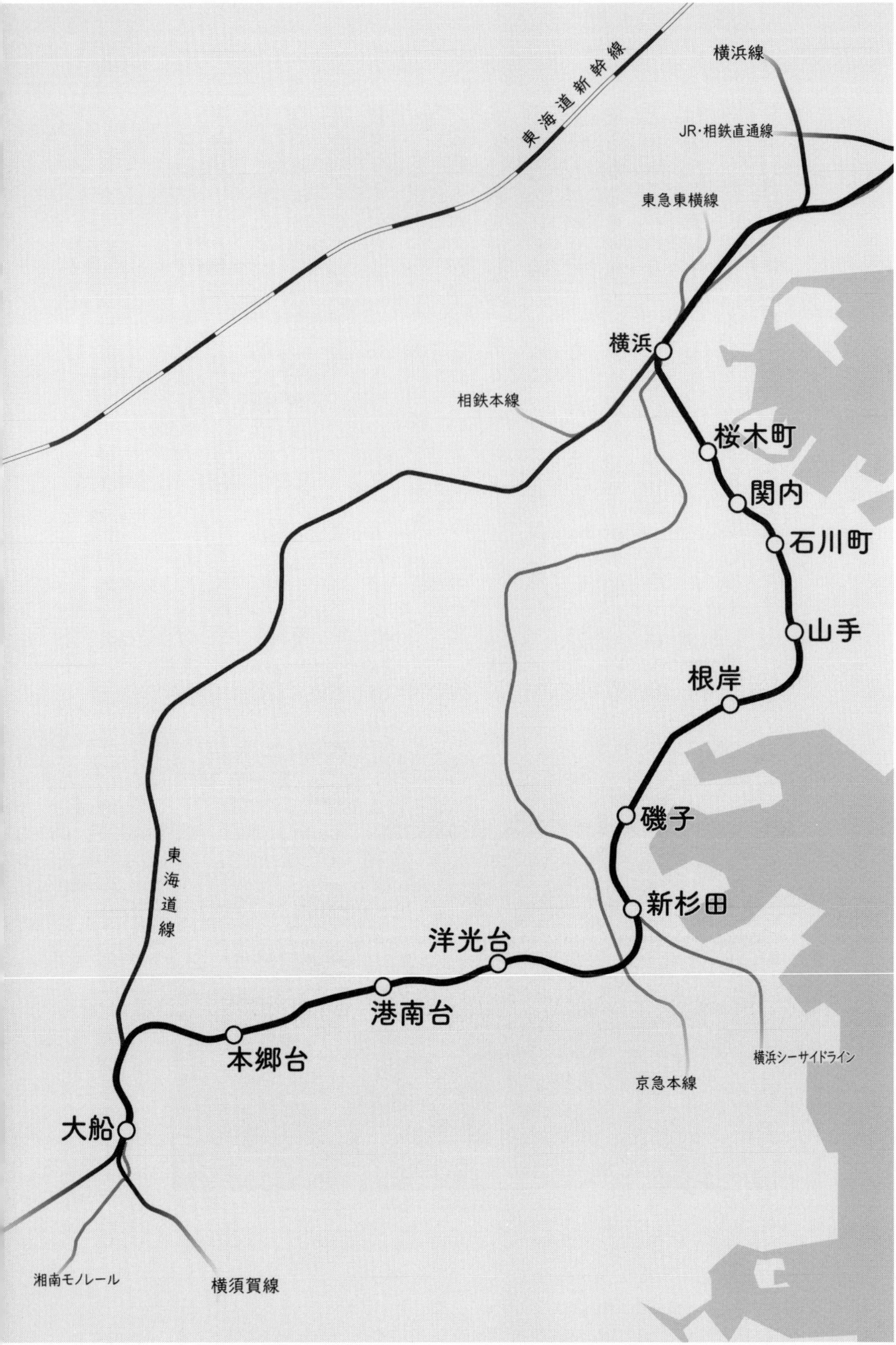

東海道新幹線
横浜線
JR・相鉄直通線
東急東横線
横浜
相鉄本線
桜木町
関内
石川町
山手
根岸
磯子
新杉田
洋光台
港南台
本郷台
東海道線
大船
横浜シーサイドライン
京急本線
湘南モノレール
横須賀線

第三章

根岸線　桜木町〜大船

JK 11
桜木町駅 ――東横線とロープウェイ

京浜東北線の区間は、大宮~横浜間ということになっている。そもそもが京浜東北線は正式な路線名ではなく、愛称に過ぎない。正しくは、東京駅を境に北が東北本線、南が東海道本線だ。京浜東北線は、これらの路線を跨いで走る電車線である。

……などというのは、正しいか間違いかでいえば正しいことに違いはないのだが、あまり本質的な議論ではないので、ここでは深追いしないでおこう。重要なのは、横浜駅から先は根岸線、ということだ。

ただ、桜木町駅までは実質的には京浜東北線の一部として捉えても良いのではないかと思う。京浜東北線の列車は、蒲田発着などの一部を除いて横浜駅で終わらずに少なくとも桜木町駅まで乗り入れる。ついでにいうと、横浜線からの直通列車も桜木町までは乗り入れる。運転系統上は、桜木町駅が京浜東北線の終点といっていい。

歴史的に見ても、同様だ。

桜木町駅は、一八七二(明治五)年に新橋~横浜間で開業した当時の横浜駅にあたる。その後いろいろあって(第二章の横浜駅の項を見てください)、横浜駅は昭和初期に現在地に移っている。京浜東北線は、一九一四(大正三)年に京浜線として運転を開始するが、そのときの運転区間は東京~高島町間。その時点では、まだ現在の桜木町駅が横浜駅を名乗っており、少し北側に高島町駅を設けてそこを京浜線の終点としていた。

それが、翌年の一九一五(大正四)年に横浜駅が移転すると、初代の横浜駅は桜木町に名を改めた。そして、京浜線の運転区間は桜木町駅まで伸びている。以後、根岸線として一九六四（昭和三十九）年に桜木町〜磯子間が開業するまでは、横浜〜桜木町間は東海道本線の支線という位置づけだった。とうぜん、京浜東北線も桜木町駅を終点として走り続ける。根岸線開業によって横浜〜桜木町間は根岸線の所属になったが、桜木町駅の位置づけは本質的にはまったく変わっていない。

……と、いささかややこしすぎる経緯を辿ってきたのではあるけれど、とにかく桜木町駅までは、根岸線直通うんぬんというよりは、歴史的に見ても京浜東北線そのものなのだ。

みなとみらい21地区の玄関口は北口だ。人通りもこちらがメインになっている

ちなみに、JR東日本のホームページを見てみると、桜木町駅の開業は一九一五（大正四）年八月十五日となっている。横浜駅は一八七二（明治五）年五月七日（旧暦）だ。これは捉え方の問題で、桜木町駅を初代横浜駅からの改称と捉えるならば一八七二年の開業、横浜駅が移転して桜木町駅という新たな駅ができたと捉えるならば一九一五年の開業ということになる。これまたややこしい話で恐縮ですが、さすがに桜木町駅を新駅とするのは実態とはかけ離れている。だから、本書の中では桜木町駅開業を一八七二（明治五）年にさせていただきたい。

さて、そうしてようやく桜木町駅である。

桜木町駅は、横浜の港町、港湾部への玄関口だ。駅前から大江橋で大岡川を渡った先は、馬車道、そして関内へ。開港以来の横浜の中心だ。そしていまも桜木町駅は、みなとみらい21地区という、横浜らしさの象徴のような町の玄関口になっている。

高架の駅舎から東口に出ると、駅前広場の向こうにはみなとみらい21地区のシンボル・ランドマークタワーが聳え立つ。大岡川の河口から埋立地を跨いでワールドポーターズや赤レンガ倉庫などの観光スポットに向けては、かつての貨物支線が転用された遊歩道を歩くか、二〇二一（令和三）年に開業したばかりのロープウェイ「YOKOHAMA AIR CABIN」を使うか。大岡川の対岸には横浜市役所もあって、観光、商業施設からオフィス、行政機能まで、横浜の中心機能を有している町が広がっている。桜木町駅は、まるで横浜駅と称しても遜色がないくらいのターミナルなのだ。

では、みなとみらい21地区とは反対側、西口はどうなっているのだろうか。

こちらは東口とはうって変わって国道一六号が通る比較的ひとけの少ない出入口。駅ビルの奥まったところには、まだ横浜駅と名乗っていた一九〇〇（明治三十三）年に西洋料理店として看板を掲げた川村屋がある。いまでは立ち食いそば店になっているが、一二〇年を超えてこの駅と共に歴史を刻んできた老舗中の老舗だ。横浜駅から桜木町駅へ、そして桜木町駅を巡る激動の歩みをも見つめ

桜木町駅の北口を出ると、すぐ目の前には運河や埋立地。ロープウェイと廃線跡遊歩道が赤レンガ方面へ

てきた、数少ない施設である。

そして横浜駅方面の高架沿いには、東急東横線の廃線跡の高架がほとんどそのままに残っている。東急東横線は、一九三二（昭和七）年に桜木町駅に達し、ここを終点としていた。京浜東北線とピタリと並んだ高架の終着駅だ。しかし、二〇〇四（平成十六）年にみなとみらい線への直通運転をスタート。それに伴い、東白楽～横浜間は地上から地下に潜り、横浜～桜木町間は廃止された。そのとき役割を終えた高架が、いまもほとんど現役時代の姿のまま残されているのだ。

●野毛の繁華街と桜木町

高架跡の一部は上に登ることができるようになっている。しかし、大半はほとんど手つかずだ。横浜市は全体を遊歩道に整備する計画も持っているらしいが、折からの財政難がたたって進んでいない。

みなとみらい21地区と山側の野毛地域を隔てる長大な高架ということで、〝万里の長城〟などと揶揄されたこともある東横線の廃高架。いっときは、その壁面に落書きが相次ぎ、それを逆手にとってパブリックアートとして展開したこともあった。名のある作家を招いて絵を描かせるなどもした。

結局パブリックアートは定着せず、いまは上塗りされて「落書き禁止」の注意書きが貼られている。バンクシーでもやってく

桜木町駅から分岐する貨物専用の高島線。地上から地下に潜って鶴見駅付近で東海道本線に合流する

れば事情は変わるのかもしれないが、このあたりからも横浜市が廃高架の扱いに苦慮しているのが伝わってくる。もう東横線の廃線から、二〇年が経った。

東横線桜木町駅の廃止は、ひとつの町に大きな影響を与えている。桜木町駅の西側、国道一六号と新横浜通りを跨いだ先に広がる、「野毛」の町だ。いまも桜木町駅西口から、地下道の「野毛ちかみち」でも結ばれている。

ランドマークタワーが奥に見える。手前の高架は旧東急東横線

野毛は、古くからの横浜の中心市街地といっていい。動物園もある野毛山の麓、細い路地が入り組んで、その中には小さな飲食店が文字通りひしめき合っている。安酒場、立呑み屋の類いも多く、実に庶民的な繁華街だ。

成り立ちは古く、明治時代にまでさかのぼる。当時の横浜駅、現在の桜木町駅の東側（つまり現在のみなとみらい21地区）には、三菱の広大な造船所が設けられ、その脇を貨物路線が行き交うような町だった。清新なみなとみらい21地区とは正反対、武骨な工業地帯だったのだ。そして、桜木町駅を挟んだ山側には、工業地帯で働く人たちのための飲食街が形成された。それが、野毛の繁華街の原点だ。

さらに、野毛は戦後になって一層の発展を見せる。横浜では、伊勢佐木町《いせざきちょう》の一帯がすべて連合軍に接収されてしまった。そのため、伊勢佐木町方面の人たちも野毛に流入。そこに復員者なども集まって、戦前からの飲食街に闇市の性質も流れ込む。

野毛を訪れればなんでも揃うといわれるほどの町になっていたという。クジラ肉を使ったカツを提供する店が並ぶくじら横丁（カストリ横丁）が賑わっていたのもこの時代。野毛の町の活力で、横浜は戦後の復興に向けてのエネルギーを蓄えた。野毛は、いわば終戦直後の横浜を象徴するような町だった。

そんな野毛の玄関口が、東横線を含む桜木町駅だったのだ。海側は工場や貨物ヤードだったのだから、桜木町の駅前広場は西口に。野毛と桜木町駅は、一体不可分の関係にあったといっていい。

ところが、みなとみらい21地区が整備され、東横線桜木町駅が廃止になってみなとみらい線が開通すると状況が激変。桜木町駅はみなとみらい21地区を向くようになり、人の流れもみなとみらいへ。人の流れが失われた野毛の繁華街は、一時的にはずいぶん多くの店が閉店の憂き目に遭った。

現在では空き店舗の跡に新しい店が入り、新陳代謝も進んで活気を取り戻しつつあるという。いまも往年の野毛の雰囲気を残しつつ、それでいて若い女性も楽しめるような店も多くなった。こうした代謝が生じるあたりは、さすが三七〇万都市・横浜といったところだ。

もう一度、野毛山を背にして桜木町駅東口。確かに、この駅を降りた人のほとんどは東口からみなとみらい21地区へ流れてゆく。山と海。繁華街と工業地帯。性質の違う二つの顔を持つ町を抱える、初代横浜駅なのである。

南口は野毛方面の玄関口。新横浜通りとの間にはぴおシティ。野毛の雰囲気が伝わる雑居ビルだ

JK 10 関内駅 ——横浜の大空に

桜木町駅からは、短い間隔で立て続けに駅が続く。桜木町～関内間はわずか一・〇キロしか離れていない。途中、大岡川を渡って根岸線の高架に沿って歩けば、ものの一〇分ちょっとで関内駅が見えてくる。高架下、すぐ脇には首都高が堀割の中を走り、山側には伊勢佐木町、海側には馬車道や関内という町が広がる、ふたつのエリアの境界に位置しているのが、関内駅だ。

国道を通って桜木町駅から関内方面に歩くと、少し駅から離れて関内の町中へ。ちょうど横浜市営地下鉄ブルーラインの関内駅が地下にある辺りが、駅周辺の繁華街だ。

まっすぐ西のどん突きには横浜スタジアムも見える。その先には横浜中華街もあるし、海側には大さん橋や山下公園。マッカーサー元帥も泊まったというホテルニューグランドは、ナポリタン発祥の地としても知られる老舗ホテルだ。ほかにも開港資料館に税関資料展示室など、国際貿易都市・横浜を象徴するような歴史的

伊勢佐木モール。横浜市内では最も古い中心繁華街のひとつ

な遺産が目白押し。横浜のいちばん横浜らしい町である。

関内駅そのものは、一九六四（昭和三十九）年に根岸線桜木町～磯子間が開業したのと同時に生まれた比較的新しい駅だ。ただ、町の歴史は相当に古い。

そもそも、「関内」という名の由来からはじめよう。「関内」の名は、一八五九（安政六）年に開港した横浜の外国人居留地を関内と呼んだことから来ている。当時の関内、居留地は周囲を堀割で区切られた、いわば出島のような町だった。江戸時代の末、西洋に開かれた東国の日本にはるばるやってきた外国人が暮らし、働いた町。それが関内だ。

開港するより前の横浜は、江戸湾に面する小さな漁村に過ぎなかった。東海道筋からも外れていて、まさかのちに三七〇万都市にまで発展するとは誰が想像できようか。そうした発展のすべては、居留地・関内にあった。つまり関内は、三七〇万都市・横浜の原点といっていい。もちろんいまの関内は外国人居留地などではないのだが、それでも一五〇年前の雰囲気はところどころに残り、町の中に根付いている。

そして、かつて関内に暮らしていた外国人たちは、堀割を渡って山側まで買物に足を延ばしていたという。その場所が、伊勢佐木町だ。

伊勢佐木町の中心は、新横浜通りからはアーチを潜る伊勢佐木モール。その先はまっすぐに、大岡川沿いの京急線黄金町駅付近まで、長く長く商店街が延びている。いまも人通りの多い、横浜を代表する商業ゾーンだ。

まだ横浜が開港する前の江戸時代、この一帯は大岡川河口の三角州。江戸時代前期に埋め立てが進み、吉田新田と呼ばれていた。市街地として発展したのは関内とほぼ同じ、幕末になってからだ。伊勢佐木モールの入口で、堀割の高速道路の上に架かっている吉田橋。幕末、ここには門があって、関内と関外を隔てていた。勤王攘夷を掲げる志士によって外国人が襲撃される事件が相次いで、居留地への出入りを厳しく取り締まるために設けられた門だという。

明治に入って情勢が落ち着くと、吉田新田が市街地として開発される。手がけたのは、伊勢屋文蔵と佐々木次平。伊勢佐木町の名は、ふたりの偉大な先人から頂いたものだ。

明治初期に生まれた伊勢佐木町は、はじめは居留地の外国人をあてにした商いを展開。少しずつ芝居小屋や飲食店が増えていき、横浜では最初の繁華街になった。伊勢佐木モールの中で、関内駅

関内駅南東側の出入口は、横浜DeNAベイスターズ一色。「勝ち切る覚悟」で日本一になった

に近いところにあるカトレアプラザ。もとは横浜松坂屋で、さらにさかのぼると呉服店をルーツに持つ野澤屋百貨店だ。明治時代から百貨店スタイルの営業をしていたのは、外国人のお客が多かったからだろうか。一九一一（明治四十四）年には、日本最初の洋画専門の映画館・オデヲン座も開く。横浜が、いかに国際的な都市だったのかがよくわかる。

関東大震災や空襲で被害を受けたのち、戦争が終わって伊勢佐木町は連合軍に接収される時期が長く続く。返還がはじまったのは一九五一（昭和二十六）年になってから。一九六〇年代からようやく復興が本格化し、一九七八（昭和五十三）年にはいまに続く伊勢佐木モールの歩行者天国も始まった。横浜で最初の繁華街は賑わいを取り戻し、いまも中心的な商業ゾーンであり続けている。

そして、忘れてはいけないのが横浜スタジアムだ。

関内駅の発車メロディは、横浜DeNAベイスターズの球団歌『熱き星たちよ』。相対式ホームの壁面にもベイスターズの選手たちのポスターが飾られて、スタジアムに近い出入口はベイスターズ一色。ここだけを切り取れば、関内駅はベイスターズのための駅だ。

横浜スタジアムのある横浜公園は、外国人のクリケット場をベースに一八九九（明治三十二）年に公園として整備された。野球場が最初に設けられたのは、一九〇〇（明治三十三）年のことだ。そして、関東大震災後に復興事業の一環で、改めて横浜公園球場としてオープン。戦後の接収期間はルー・ゲーリック・メモリアルスタジアムと名乗り、返還後の一九七八（昭和五十三）年に建て替えていまのハマスタが完成した。このときから大洋ホエールズの本拠地球場となって、ベイスターズに引き継がれている。

二〇〇〇年代から二〇一〇年代にかけて、長きにわたって暗黒時代が続いていたベイスターズも、近年は優勝争いの常連になった。二〇二四（令和六）年には、セ・リーグ三位からの下剋上で日本一。ハマスタのベイスターズ戦のチケットは、簡単には取れないプラチナだ。ハマスタとベイスターズは、関内の一角、横浜でいちばん横浜らしい場所の、横浜のシンボルになった。関内駅は、その最寄り駅として、今後も存在感を増していくことになりそうだ。

横浜スタジアムは横浜公園内のシンボル。線路のすぐ脇にあり、車窓からもスタンドが見える

JK 09

石川町駅

――中村川を挟んで、いくつもの顔を見せる

一九六三（昭和三十八）年に公開された黒澤明の名作映画『天国と地獄』。この作品は、横浜が舞台になっている。

鉄道ファンのみなさまにおかれては、特急「こだま」の洗面所の窓から身代金の入ったカバンを放り投げるシーンが注目される。が、むしろその場面以上に、一九六〇年前後の横浜がどんな町だったのかを教えてくれるという、そういう側面も持っている作品だ。

港町を見下ろす高台の豪邸に暮らす、〝ナショナル・シューズ〟の常務・権堂金吾。それを見上げるスラムに暮らす研修医の竹内銀次郎。横浜という海と丘の町を舞台に、高台を天国、低地のスラムを地獄と見なして物語が展開してゆく。

映画の中で、大岡川沿いの黄金町は麻薬中毒者がひしめきたむろする、スラム街として描かれている。犯人の竹内は、ここで娼婦に高濃度のヘロインを注射して効果を確かめ、共犯者の口封じをしようとする。これ

石川町駅の北口。中華街や元町といった観光地への玄関口とは思えない小さな駅だ

が逮捕のきっかけになるのだが、これ以上はさすがにネタバレが過ぎるのでやめておこう。

間違いないのは、現実の大岡川沿い、中でも京急黄金町駅の周辺は、実際に映画の中と同様の町だったということだ。一九五〇年代までの黄金町にはバラック建ての小屋がずらりと並び、大岡川の水上に暮らす人も溢れていた。港湾都市・横浜は荷役作業に多くの人員を要する。また、伊勢佐木町が連合軍に接収されていたため、そこからあぶれた人も隣接する黄金町に流れ着く。空襲で焼け出されたり、戦地や外地から復員したはいいものの、住まいも職も得られずに黄金町にやってきた向きもあっただろう。一九五〇年代後半になると、炭鉱の閉山で職を失った人たちも流れ込んだという。朝鮮戦争や戦後復興の特需で仕事が絶えなかったという事情もあった。

そうした町と、丘の上の天国と。そのコントラストが、戦後の一時期の横浜だったことは紛れもない事実。横浜に限ったことではないけれど、大都市であればあるほどこのような〝天国と地獄〟のコントラストの歴史を刻んできているのだ。

石川町駅も、そうした部分の〝横浜〟に面している駅だ。

石川町駅は、ちょうど中村川を跨ぐようにホームが架かる。真上には首都高が走り、出入口は川の北と南にひとつずつ。おおざっぱに分ければ、北口は中華街、南口は元町の玄関口だ。「元町・中華街」という副駅名を持っているのは、まさにそうした理由による。

北口に出れば、その小さな駅前広場の先には中華街の楼門が建つ。本格的な中華街の中心に入るにはもう少し歩かねばならないが、二〇〇四（平成十六）年にみなとみらい線の元町・中華街駅が開業するまでは、石川町駅が横浜中華街の最寄り駅だった。

そんな中華街の北口には、もうひとつの町がある。日本三大ドヤのひとつ、寿町だ。石川町駅の北口を出て、西に入って路地を進めば、すぐに寿町に入る。

寿町一帯は、一九五五（昭和三十）年まで連合軍に接収されており、返還後に職安が移転。それをきっかけに野毛や黄金町の簡易宿泊所も寿町に移り、スラムもまるごと移転した。そうしてドヤ街が形成されていった。全盛期には一〇〇軒以上の簡易宿泊所があり、溢れんばかりの日雇い労働者が暮らしていたようだ。

当時の日雇い労働者たちは、必ずしも不幸だったわけではない。復興と経済成長の中で仕事が途切れることはなかったし、寿町の立呑み屋はそれこそ人だかりができるほどの賑わいだったという。しかし、一九七〇年代以降は徐々に厳しくなってゆく。港湾の荷役作業の自動化が進み、人手が必要なくなってきたことが大きな要因だ。そして、現在の寿町は山谷のドヤがそうであるように、外国人向けの格安ホテルなども目立つようになった。簡易宿泊所が衣替えをしたのだ。

そうした一面だけを取りあげて、もはやドヤはなくなったとか、ずいぶんキレイになったとか、そういう論調も見聞きする。しかし、寿町の中を歩くと、本当にそうなのかと疑問に思わずにはいられない。仕事を得にくくなった日雇い労働者は、消えたのではなくて潜んだだけだ。年を重ねても簡易宿泊所に暮らし続

寿町の中心部。いまも簡易宿泊所が多く集まっており、ドヤの面影は色濃い

中村川を跨ぐように設けられている石川町駅。首都高の高架がさらにその上を跨ぐ

けて高齢になった人たちがまだまだ寿町にはたくさん暮らしている。天国と地獄とまでは言わないけれど、戦後の横浜の中で、決して無視することのできない一面がこの町の中に根ざしている。

●元町と山手と

一方で、中村川を渡った対岸はまったく違う雰囲気の町だ。中村川の南側は、「元町」という。

元町の由来は、外国人居留地が設けられる以前に〝関内〟に暮らしていた人たちが退去させられて暮らし始めたことにある。最初は〝元村〟と呼ばれていた、〝元々の横浜村〟だ。それが転じて元町と呼ばれるようになり、現在まで続いている。

最初は関内だけだった外国人居留地も、一八六七（慶応三）年には元町の南側の高台、山手が加わることになる。海沿いの低湿地だった関内は、暮らす上ではやや不向き。そこ

中村川南側には元町の商店街。女子学生も多く、瀟洒な雰囲気の商店街だ

で、外国人たちは高台の山手に邸宅を構え、職場としての関内に通うようになった。すると、元町はその通り道。外国人たちは山手から元町を通って関内に通い、また元町を通って山手に帰った。必然的に元町には外国人向けの商店が軒を連ねるようになってゆく。それが元町商店街のルーツだ。

いまの元町は、石川町駅の副駅名やみなとみらい線の駅名になっているとおり、横浜を代表する商業エリアだ。ファッション関係の店も多く、瀟洒で落ち着いた商店街。伊勢佐木町や野毛などの繁華街とはまた違った、国際都市・横浜らしい商店街である。

山手の高台には、フェリス女学院をはじめとする女子校・女子大が集まっているのもこの町の特徴だ。その多くがミッション系なのは、外国人居留地があったことと無関係ではない。そして、朝夕の通学時間帯、石川町駅には多くの女子学生たちがやってくる。元町商店街の雰囲気は、女子学生の多い町という特徴とも無関係ではないだろう。

一九七〇年代には、男性向けの週刊誌などでずいぶんと下卑た形で石川町駅が取りあげられたこともある。ジェンダー平等どころか、到底受け入れがたいような記事も散見される。ただ、国鉄がＪＲになった直後には、女子学生が多いことを利用してレコードのリリースキャンペーンが駅で行われることもあったという。少なくとも流行の最先端が感じ取れる町という一面もあったのだ。

いまの元町一帯を歩いていると、この商店街が一五〇年ちょっと前まで横浜の漁村で暮らしていた人が移ってきた町だとはとうてい思えない。それほど賑やかで、華やかで、落ち着きがあって。元町商店街の石川町駅の高架下には、送迎のクルマが何台か停まっていたが、どれもこれも高級車。山手の高台で暮らしている人なのだろうか。

こうした町の風景もまた、横浜という特殊な都市の一面である。三七〇万都市・横浜は、実にさまざまな顔を持っている。石川町駅は、そんなさまざまな顔に直面している駅だ。もしかすると、京浜東北線・根岸線の中で、最も〝横浜〟を象徴している駅なのかもしれない。

北口から少し歩くと、中華街の楼門が。みなとみらい線開業までは中華街の最寄り駅だった

JK 08

山手駅

——初めてのトンネルの向こうは丘の上

京浜東北線と根岸線は、ほとんどの区間において首都圏の沖積平野、低地を走っている路線だ。同僚にあたる山手線はその名に違わず武蔵野台地の洪積台地の上も走っている。それが、京浜東北線になると、ひたすら低地ばかりを走り続ける。台地との境界の崖下を走っていて、高台を見上げる区間も少なくない。それが京浜東北線の大きな特徴で、それが故に下町らしい路線ともいえる。

そして、おかげで京浜東北線はトンネルを持たない。根岸線に入っても、石川町駅まではずっと低地だ。ようやく初めてのトンネルが、石川町〜山手間。ついに低地を脱し、横浜という都市の特徴でもある高台の丘陵地へと進んでゆく。

根岸線がトンネルで山手の高台を貫いているすぐ脇では、本牧通りもトンネルを通る。山手公園のすぐ下を、山手隧道で抜けている。このトンネルは、一九一一(明治四十四)年に開通した横浜電気鉄道(のちの横

坂の途中の高架下にぎゅっと挟まったような印象の山手駅。出入口は一か所だけだ

浜市電）の櫻道隧道がはじまりで、路面電車専用のトンネルだった。全長二一五メートル、路面電車としては日本最長のトンネルだったという。

そうしてトンネルを抜けて、山手駅にやってくる。

山手駅が名乗っている山手という地域は、実は山手駅周辺ではないらしい。元町に近い高台一帯を指し、むしろ石川町駅が最寄りなのだとか。山手は幕末に設けられた外国人居留地にはじまる高級住宅街だ。一八七〇（明治三）年には、外国人の手によって山手公園が整備された。次いで一八七八（明治十一）年には、日本で初めてとなるテニスコートもできている。日本で初めてテニスがプレーされたのも、山手公園だ。二〇〇九（平成二十一）年には経産省の近代化産業遺産に認定されている山手公園。その下を抜ける山手隧道ともども、日本の近代化を語る上では避けて通れない歴史遺産のひとつなのだ。

と、山手について語ったところで、山手駅の周辺は山手とはちょっと離れている。近隣の有名な地名を頂いて駅名にしたということなのだろう。それでも、駅の周囲が高台の丘陵地帯であることは山手と変わらない。駅そのものは高架駅だが、すぐ北と南はトンネルだ。トンネルとトンネルに挟まれた、丘陵の真ん中の小駅。起伏に富んだ車窓風景も、京浜東北・根岸線の旅では初めての経験だ。それまでの低地の繁華街を抱える駅々とは、駅前風景からしてまったく違ったものになっている。

山手駅の高架のホームから高架下の駅舎を抜けると、西側に小さな駅前広場。駅前広場を挟んだ向こうには立野小学校があって、南側には仲尾台中学校。丘の上の文教地区といったところだろうか。ちょうど訪れた時間は小学校の下校時間。ランドセルを背負った子どもたちが、三々五々学校から出てきて坂道を登って家に帰っていった。

小学校と中学校の脇には、外国人墓地もある。このあたり、横浜の高台にかつて外国人たちが多

周囲は坂に囲まれた町。どこに向かうにも坂を登って

く暮らしていたということを物語っている。

そして、山手駅の北の端からは、北東に向かって商店街も伸びている。実に住宅地の中の商店街らしい、地元に根付いた落ち着いた商店街だ。余所の地域からやってきた、筆者のような人がうろうろしていて歓迎されるような雰囲気もあまりない。小学生の下校時だからなおのこと。カメラを構えているのも憚られるくらいだ。

そんな商店街は、約七〇〇メートルに渡って続いていて、北では本牧通りと接続する。地名をとって大和町通りという。実は、かつてこの道、射撃場だったことがある。

一八六五（慶応元）年にイギリス軍の射撃場として整備され、一八七五（明治八）年になって日本に返還された。そして、一九一〇（明治四十三）年には払い下げを受けた大和屋商店が開発を手がける。大和屋商店は、横浜は関内で日本初のワイシャツ専門店を開いた商店で、最初は従業員の社宅や工場を置い

大和町の商店街。かつてはイギリス軍の射撃場だった。開発したのは大和屋シャツ店

たという。

しかし、戦争中の空襲で関内の工場と店を失った大和屋は、経営難に陥る。そこで、山手駅近く（といっても当時はまだ山手駅は開業していない）の一帯を売り払い、東京・京橋に移転する。いまも大和屋シャツは銀座に店を構え、知る人ぞ知る高級シャツ店として営業を続けている。そして、大和屋と入れ替わるようにしてかつての射撃場の跡地は商店街になった。

大和町通りの名は、大和屋から頂いたものだ。射撃場ができる以前は田畑が広がっていたというこの一帯も、歴史に埋もれてずいぶんと姿を変えてきた。こうした高台の上にも、西洋の香りが漂うエピソードが転がっているあたり、横浜はさすが横浜なのである。

JK 07 根岸駅 ――タカとユージの本牧へ

「磯子へ入りカーブを曲るにおどろくべき光の景観あらはる。埋立地の日本石油根岸製油所にて、大球タンク煌々たる灯に飾られ、中央の高塔、摩天楼の如く輪郭づけられ、夥しき光也。未来都市の如く、人影全くなく灯のみ明かるめり」

こう書いたのは、作家の三島由紀夫だ（『「豊饒の海」製作ノート2』）。三島が見た光景は、開業したばかりの根岸線の車窓から。山手駅から丘陵地を南に抜けて、根岸駅に入ってくるあたりだろう。三島のいう日本石油根岸製油所は、いまでも根岸駅の南側の埋立地に広がる、ＥＮＥＯＳ根岸製油所である。

ただ、三島が見た景色と違っているのは、首都高の高架が根岸駅と製油所の間に通っていることだ。おかげで車窓から製油所の煌々たる灯を見ることは難しい。もしかすると、夜に訪れたら製油所の灯に魅せられることもあるのかもしれないが、少なくとも真っ昼間にやってくる限りでは、それほど製油所の駅であること

根岸駅は地上駅。奥には首都高の高架が見える。駅前広場の脇にはマンションが目立つ

を感じることはない。

それでも、本質的には三島由紀夫が根岸線の旅をしたときと、根岸駅の役割は変わっていない。根岸駅は、貨物輸送、それも石油輸送の一大拠点になっている。

駅南側は製油所、北側は住宅地。マンションの合間に飲食店なども

根岸駅に接するENEOS根岸製油所で石油を積んだタンク車は、機関車に牽かれて根岸駅から北上する。山手駅や関内駅などを抜けて、桜木町駅の先で貨物支線の高島線へと分かれてゆく。その後は鶴見付近で再び京浜東北線に顔を出す（走っている線路は違います）。そこからは北関東や信州方面へ。二〇一一（平成二十三）年の東日本大震災直後には、被災した東北本線や常磐線を迂回し、磐越西線などを経由して郡山や盛岡までの石油輸送も行っている。

京浜東北線内では、貨物列車が並行することはあっても、同じ線路を共有することはない。だから、根岸線の桜木町～根岸間だけが貨物列車と旅客列車が同じ線路を走る区間ということになる。北関東や信州、そして過去の一時は東北も。根岸線を通じて運ばれた石油は各地に広がっている。通勤路線としての一面だけを切り取れば極めて地域性の強い路線であっても、ちゃんと広域の鉄道ネットワークの構成員なのである。

いまも、根岸駅のホームからはたくさんのタンク車が停まっているのがよく見える。根岸駅は、旅客駅というよりも貨物駅としての存在感の方が大きい。その点でもこの駅は特別な駅のひとつだ。

さらに、石油輸送だけでなく、本牧方面への貨物路線も根岸駅から分かれている。神奈川臨海鉄道本牧線が、首都高に沿って本牧方面へ。最後は本牧の埋立地を抜けて、本牧埠頭駅を終点としている。本牧埠頭駅では、石巻からやってくる紙の倉庫が隣接し、ロール紙のコンテナ輸送などを担っているようだ。その周囲には日産自動車や三菱重工などの大工場。横浜のシンボルのひとつ、横浜ベイブリッジは本牧から大黒埠頭までを結ぶ。一九六〇年代からの埋立事業によって生まれた、港湾地帯・本牧である。

神奈川臨海鉄道は、本牧を走る唯一の鉄道路線だ。といっても、旅客輸送は行っておらず、本牧は鉄道空白地ということになる。かつては路面電車、いまでは路線バスが結んでいるから不便はないのだろうが、どうしても余所《よそ》の地域の人にすればアクセスしづらい地域になっている。

そんな本牧といえば、やはりタカとユージである。あぶ刑事《デカ》である。『あぶない刑事』のおかげで、なんとなく本牧というのは洒落込んでいて、それでいて空き地の多い町だと思い込んでいる。行ったことがないので本当のところはわからないし、そもそもあぶ刑事の連ドラ版が放送されていたのは一九八〇年代の後半。いまと当時で、本牧はまったく変わっているだろう。

わかっていることは、本牧はもともと明治末期に三溪園が作られて行楽地となり、海水浴場も設けられていたことだ。戦後は長らく米軍が接収し、一九八二（昭和五十七）年までは米軍住宅が置かれていた。ようやく返還され、米軍住宅地の跡地はマイカル本牧（現在のイオン本牧）になっている。一九八九（平成元）年、ベイブリッジ完成と同じ年、バブル景気の真っ只中のこと。『あぶない刑事』『もっとあぶない刑事』が放送されていたのも、ちょうどそうした時代のことである。

このあたりで、本牧から根岸駅に戻ろう。

貨物駅としての部分を除くと、根岸駅はすぐ北側の高台と南側の埋立地に挟まれた、狭い低地の住宅地の町だ。駅の周囲にはマンションが目立ち、大通りを渡った先は戸建て住宅が目立つエリア。高台の上には大きなマンションが並んでいるのも見える。

根岸駅の北側は高台になっている。高台のマンションの奥には旧根岸競馬場、根岸森林公園がある

高台の上は、根岸台とも呼ばれる一角だ。根岸駅前からも見えるマンションの奥には根岸森林公園が広がる。かつて、根岸競馬場があった場所だ。居留地の外国人からの要望で、一八六六（慶応二）年に設けられた洋式の競馬場。はじめは外国人専用だったが、一八八〇（明治十三）年からは日本人にも門戸が開かれた。一九〇五（明治三十八）年、根岸競馬場で行われたエンペラーカップが、現在の天皇賞のルーツである。

関東大震災後、根岸競馬場は荘厳なスタンドを建設し、一九四二（昭和十七）年まで開催が続いた。しかし、戦後は接収されてそのまま連合軍のゴルフ場などになり、返還後はスタンドの一部が残るだけになった。いまも、根岸森林公園の脇には米軍の根岸住宅が置かれている。

こうしてみれば、やはり横浜という都市は、どこまで行っても国際都市・横浜なのである。

JK 06

磯子駅 ――皆楽園は巨大団地に変貌し

磯子駅は、一九六四（昭和三十九）年五月十九日に開業した。根岸線桜木町～磯子間が開業したタイミングで、一九七〇（昭和四十五）年に洋光台駅に延伸するまでの六年にわたって、根岸線、そして京浜東北線の終点だった駅だ。

いまも、日中の京浜東北線の三分の一は、磯子駅止まりだ。磯子～大船間を走る列車は一〇分に一本。そこに二〇分に一本の磯子発着が加わる。つまり、南浦和～磯子間は、日中でも一時間に九本の電車が走っているということになる。なかなかの高頻度運転、さすが、首都圏を代表する通勤電車である。

そんな要衝の磯子駅なのだが、駅そのものはそれほど特別な駅ではない。海側は埋め立てで生まれた工業地帯で、山側には市街地。磯子産業道路が駅前を通り、その一筋向こうには国道一六号（横須賀街道）が通る。海側には線路に並行して首都高の高架が走る。このあたり、まるで根岸駅とそっくりだ。

磯子駅の東口。海沿いの埋立地には工場が並ぶ。歩道橋の奥は日清オイリオの工場だ

磯子駅前の大型マンションは、かつての料亭・偕楽園があった場所

根岸駅と違うのは、海側の工業地帯に通じる出入口があることだろうか。跨線橋で留置線を跨ぎ、そのまま首都高の高架の下も潜ってゆく。跨線橋の階段を降りた目の前は、日清オイリオの工場の正面玄関。そのほかにも、周囲には東芝や東京ガス、ＩＨＩなどの工場が根岸湾沿いに広がっている。根岸駅近くの工場群、また本牧の埋立地の工場を含め、一九六〇年代以降に造成された京浜工業地帯の一角である。

反対の山側も、小さな駅前広場とマンションという根岸駅とはひと味違う。広大なバス乗り場が設けられ、産業道路と駅前広場を囲むように商業ビルが並ぶ。磯子区役所は産業道路沿いの駅北側だ。

根岸湾に面する磯子の町は、根岸線の開業や沿線の工業地帯の開発が戦後だったこともあって、横浜市の中では新しい地域のような印象がある。しかし、実際には横浜市に編入された時期はだいぶ古く、まだ明治時代の一九〇一（明治三十四）年に根岸村が横浜市に含まれた。一九二七（昭和二）年には区制が施行され、磯子区が発足している。それ以来、磯子駅周辺の一帯は駅ができる前から磯子区の中心であり続けている。

ただ、当時の磯子は工業地帯とは真逆の地域。埋立地の造成は戦後になってからで、戦前の磯子はむしろ風光明媚な景勝地として親しまれていた。いわゆる白砂青松の海岸線。夏には海水浴客で賑わって、海苔の養殖も盛んだったという。現在の工業地帯からは想像もできない、のどかな海沿いの漁村である。

一九二五（大正十四）年には横浜市電が堀割川沿いに開通し、磯子と横浜の中心部が結ばれた。そして、ちょうどその頃には磯子の海沿いに多くの料亭が建ち並ぶようになる。代表的な料亭が偕楽園だ。運動場を持つなど広大で、相当な人数の従業員を抱えていた大料亭だった。風光明媚な景色に加え、近傍の横須賀の海軍士官などが足を運んだ。海軍指定の料亭のひとつで、景勝地・磯子の発展の礎になった。

料亭の周囲、堀割川の河口付近には花街まで形成されていた。景勝地にあって海軍の将兵も足を運ぶような町だから、そうしたところに花街がセットで生まれるのもとうぜんのなりゆき。いまはすっかり面影を失ったが、ここでも工業地帯とはかけ離れた印象の磯子の姿が浮かび上がる。

また、花街のあった堀割川河口には、終戦後に闇市まで生まれたという。いまでも闇市をルーツに持つ浜マーケットが営業していて、わずかながらに工業化する以前の磯子の様子をしのぶことができる。当時は路面電車が走っていて、磯子のみならず本牧や杉田などから物資を買い求めにお客がやってきたのだろうか。

横浜市電は、一九七二（昭和四十七）年に廃止される。根岸線が洋光台駅まで開業して一年後。

さらにその次の年には大船駅まで達して全通している。鉄道空白地帯だった磯子区の中心部に通じていたのが、横浜市電の面目だった。それが根岸線の開通でお客を奪われて、役割を終える。横浜市電にトドメを刺したのが、根岸線だったというわけだ。

その頃から海岸線の埋め立てはますます進み、風光明媚な海岸線は工業地帯に変わっていった。かつて一時代を築いた偕楽園は、いまでは大型の団地になっている。いま、かつての海岸線があった産業道路あたりに立って海側を眺めても、海岸線を見ることは叶わない。

駅前には駅開業などを記念した碑が置かれている。隣の木は河津桜だとか

JK 05

新杉田駅

――家系の香りとひばりの劇場

ここまで走ってきた京浜東北・根岸線。その中には、かつて海だったと語られるような区間も少なくない。代表例は、新橋〜品川間だろうか。このあたりは、海岸線のギリギリか、海上の築堤を走っていた。根岸線の桜木町駅から石川町駅までも、江戸時代初めまでは海の上。さらに太古まで遡れば、沖積平野を走る京浜東北線はほぼ全線が海の中だった、などということもできそうだ。さすがにそこまで話を広げればキリがないが、とにかくいかに京浜東北・根岸線が低地ばかりを走ってきたか。

そんな中、新杉田駅は、いちばんつい最近まで海の上だった駅である。新杉田駅一帯は、根岸線の開業とほぼ同時期に埋め立てられて完成した町なのだ。

新杉田駅も、駅とそれを取り巻く環境は根岸駅や磯子駅とほとんど変わらない。駅と線路から首都高を挟んで海側には埋立の工業地帯が広がり、駅前はすぐに産業道路。一筋先に横須賀街道が通っていて……

駅前には産業道路が通る。家系ラーメンはこの町からはじまった

といった具合だ。同じような構造の駅が三つも続くから、いまどこにいるのかよく分からなくなってくる。

それくらいそっくりな駅が続くが、新杉田駅にも個性はある。この駅が高架であること、そして高架下の駅舎に商業施設が入っていることだ。改札口を抜けると、その先はそのまま高架下の商業ゾーン。駅舎の外に出るまでに、商業施設の中をしばらく歩くことになる。ついつい余計な買物をしたり、ドトールコーヒーに立ち寄ったりしてしまう。駅舎の中の商業施設というのは、お客の寄り道心をくすぐるように、よくできた店の並びになっているのだ。

また、乗り換え路線があるのも新杉田駅の特徴だ。産業道路とは反対の海側に出ると、高速道路との間に新交通システム・横浜シーサイドラインの新杉田駅が設けられている。根岸線は新杉田駅を出ると西に大きくカーブする。それによって首都高と根岸線の高架の間にスペースが生まれる。そのスペースを巧みに利用して、シーサイドラインの駅がある、といったあんばいだ。

と、違いばかりを強調したが、産業道路側に出ると、もうこれは磯子駅とうり二つ。産業道路を挟んだ向かいに商業施設（らびすた新杉田という）があって、それなりに賑やかな市街地が形成されている。産業道路を行き交うクルマにトラックが目立つのは工業地帯ならではだ。このあたりも、まるで磯子駅や根岸駅とそっくりである（ぜんぶ同じ産業道路なのだから当たり前ですが）。

新杉田駅前のらびすた新杉田は、比較的大きな商業ビルだ。高架の新杉田駅から陸橋でそのまま産業道路を跨ぎ、らびすた新杉田内に直結している。一筋西の横須賀街道に出るには、らびすた新杉田の中を抜けるのがいちばん便利だ。

そんならびすた新杉田、その南側の一角には磯子区民文化センター、通称「杉田劇場」と呼ばれるホールが入っている。らびすた新杉田そのものは二〇〇四（平成十六）年にオープンした比較的新しい施設だが、杉田劇場となると話は違う。同じ名の劇場がこの町中に、一九四六（昭和二十一）年から約四年間だけ存在していたのだ。

　一九四六（昭和二十一）年四月、旧杉田劇場の舞台にひとりの少女が立った。年齢は弱冠九歳、美空一枝という名の少女だ。のちの歌姫、美空ひばりである。美空ひばりの初舞台が、杉田劇場だったのだ。結局、杉田劇場はわずか四年で閉館してしまうが、その間に市川染五郎や浅香光代、渥美清といった名だたる名優が舞台に立っている。それでいて、美空ひばりの初舞台。終戦直後のほんのひととき、杉田の町を駆け抜けた秘史とでもいったところだろうか。現在のらびすた新杉田の杉田劇場は、いわば伝説の杉田劇場の名を頂いたものなのだ。

　旧杉田劇場があった頃、この町の海岸線はいまよりもだいぶ内陸だった。根岸線の新杉田駅付近はもちろん、産業道路も海の上。らびすた新杉田も海だった。横須賀街道が、一帯の海岸線だったという。

　その当時、すでに京急線の杉田駅が開業していた。一九三〇（昭和五）年に開業し、杉田の町の玄関口になっている。いまではらびすた新杉田の南西に面する聖天橋交差点から細い路地の商店街を西に歩いてゆくと、

美空ひばりの初舞台・杉田劇場の名を今の伝える現在の杉田劇場

だいたい一〇分ほどで杉田駅。乗り換えで使うにはやや不便だが、京急線と京浜東北・根岸線はこれより北では横浜駅まで接近しない。だからなのか、杉田駅近くの商店街を急ぎ足で歩いている人の姿もあった。乗り換えで人の往来も多いから、商店街としての賑わいもなかなかである。

新杉田駅周辺の埋め立ては、一九六〇年代以降のことだ。それどころか、首都高やシーサイドラインが走る幸浦の工業団地も、すべてがその時代以降の埋立地だ。横浜市南部、磯子区から金沢区にかけては、ほとんどが丘陵地でそのまま海に落ちる海岸線。海沿いの平地などはほとんど存在しなかった。それを一九六〇年代以降埋め立てて、さらに丘陵の上は切り開いてニュータウンに変貌させた。

横浜市が三七〇万都市へと飛躍していく過程の物語。新杉田駅は、ちょうどそうした時代の一九七〇（昭和四十五）年に開業した。そして、その直後に一軒のラーメン屋が駅前の産業道路沿いにオープンする。家系ラーメンの総本山・吉村家。新しく生まれた工業地帯で働く人に愛された味は、いまや横浜の味になった。そういう意味でも、埋立地に生まれた新杉田駅は、現代の横浜を象徴する駅なのかもしれない。

細い商店街を抜けた先には京急線の杉田駅

JK04 洋光台駅

――根岸線ニュータウン三兄弟の長男

根岸線は新杉田駅を出てすぐに右にカーブして西に向かい、海沿いから再び丘陵地に入る。短いトンネルを抜けて京急線をオーバーパス、またすぐに短いトンネルに入って、その先はトンネル、高架、堀割、トンネル。これを細かく繰り返しながら、丘陵地を横断して西に進んでゆく。沿線は、丘陵地を切り開いたニュータウンだ。

ここから終点の大船駅までは、実にニュータウンらしい〝○○台〟と名乗る駅が続く。丘陵の高台にあるニュータウンだから〝○○台〟。いまだから安直と批判もできようが、命名された当時は希望に満ちた夢の町。根岸線ニュータウン三兄弟ではいちばん最初に開業した長男格の洋光台駅は、造成工事をしていた工事関係者が根岸湾から上る朝日に魅せられたことから、名付けられたのだとか。もともとは矢部野町などと呼ばれ、丘陵地の中に小さな集落がぽつぽつと点在するような里山風景が広がっていた。

洋光台駅は堀割の上に駅舎が置かれている。周囲は団地群

こちらは洋光台駅の北側。駅の近くに商業施設。規模の大きな団地群だ

改めて由来を聞かされてみれば、なかなか味のある地名ではないかと思う。少なくとも、この新しい町に希望を抱いた人たちの思いが詰まっている洋光台という名を、あとの時代の人たちがあれこれ批判するのは野暮というか無粋というか。根岸線の三兄弟に限らず、〝○○台〟は案外現実の地形に即していて、そこに町への希望が込められて、なかなか悪くないのではないかと思っている。

洋光台駅は、一九七〇（昭和四十五）年に磯子～洋光台間が延伸したのに合わせ、その終着駅として開業した。洋光台駅が終着駅だったのは全通する一九七三（昭和四十八）年までの三年間。といっても、洋光台駅まで延伸した時点で大船まで繋がることは決まっていたから、最初から線路を延ばせるような構造になっていたようだ。

洋光台駅の周辺は、もちろん洋光台のニュータウン。洋光台駅開業が決定した一九六六（昭和四十一）年には、同時に洋光台団地も起工する。一九七〇（昭和四十五）年三月十七日に駅が開業し、それから三か月後の六月には洋光台団地の入居がはじまっている。

　こうした背景を踏まえた上で、現在の洋光台駅である。

　堀割の中のホームから階段を登って改札を抜け、国鉄の、というか公団建設線の雰囲気をだいぶ残したコンクリート造りの駅舎から外へ。目の前には堀割の上の人工地盤、北と南にロータリーが設けられ、さらにその向こうには典型的な一九七〇年代の団地が見える。

　駅周辺は集合住宅の団地だが、少し離れたところには一戸建てが集まる住宅地も続く。さらに駅から離れても、どこまで行っても住宅地。この丘陵地は、ほぼ全体がニュータウンとして拓かれた。だから駅前にはバス乗り場もあって、盛んにバスが行ったり来たり。バス乗り場には電車が着くたびに何人かのお客が並び、ちょっとした行列もできる。それがまた、数分後にはやってきたバスに吸い込まれて去ってゆく。駅周辺

洋光台駅の裏（東）側。堀割を跨ぐような道路沿い団地が続く

の団地は昭和の色が濃いが、離れたところには比較的新しい住宅地もあるのだろう。決してこの駅とその周囲が昭和の団地として衰退傾向にあるわけではなさそうだ。

駅の周りを歩いてみて感じるのは、スーパーマーケットが多いこと。駅のすぐ近くでも、北側にはピーコック、南側には東急ストア、その先にはオリンピックもある。これほど近距離にスーパーマーケットがあっても潰し合いにならずに共存しているということは、それだけお客になりうる住民が多いのだろう。

さらに駅に近い団地の下層には飲食店なども入っていて、我らがドトールコーヒーも。どの飲食店もそれなりにお客で埋まっているし、金融機関などもひととおり。駅とその周辺だけで日常生活が完結できるかどうかが、ニュータウンとしての機能の充実度を示す。この点、洋光台のニュータウンは実によくできている。

入居が開始してからもう半世紀以上。昭和の色を残しつつ、それがいまになっても活気を失わない。そういう団地の様子を見たければ、洋光台に行くべし、なのである。

JK 03
港南台駅

——バブル期には一億円近くで分譲も

洋光台駅からはしばらく堀割の中を走り、横浜横須賀道路とはオーバーパスで交差すると、また堀割へ。港南台中央公園の直下を抜けると、一気に下ってまた堀割。そうして港南台駅に着く。港南台駅の先ではすぐにもうトンネルが口を開けて待っている。だから、港南台駅は実質的にトンネルの中の駅で、この部分だけ開削して駅を設けたというのが正しいところなのだろう。

港南台駅は、根岸線ニュータウン三兄弟の中では出世頭といっていい。端的に、お客の数がいちばん多いのだ。洋光台駅・本郷台駅がいずれも一万八〇〇〇人前後なのに対し、港南台駅は二万八〇〇〇人弱と、大きく水をあけている。この数字は、根岸線内では山手駅や磯子駅、根岸駅などよりも多いくらいだ。

駅から降りても、町の賑わいは確かに頭ひとつ抜けている。

ニュータウン三兄弟のどの駅も、駅周辺にはスーパーや金融機関などの商業施設が集まっている。ただ、港

港南台駅駅舎にも小さな商業施設が入る。崎陽軒の売店もお客がひっきりなしだ

南台駅は規模が違う。駅の裏手にはかつてはダイエーの看板を掲げていたイオンフードスタイルがあり、そうてつローゼンや無印良品、ユニクロなどが入った港南台バーズという商業施設も駅前広場を取り囲む。駅舎そのものもプチール港南台というちょっとした駅ビルになっているし、その端っこに崎陽軒の売店があるあたりはさすがの横浜である。

駅前広場を囲むように商業施設の「港南台バーズ」。団地が鳥の名を用いていることにちなんで命名

　ロータリーからはたくさんのバスが行ったり来たり。線路を跨ぐ大通りにもひっきりなしにクルマが行き交っていて、三兄弟を含めてこの丘陵地のニュータウンの中で、中核的な町であることを教えてくれる。横浜市港南区にあっては、京急線の上大岡駅周辺にはさすがに負けるけれど、それに次ぐ規模を持っているのが、港南台駅の町なのだ。

　といっても、本質的には港南台駅はニュータウンの駅だ。だから、駅から少し離れれば、商業ゾーンから住宅ゾーンに移る。

　その点は洋光台や本郷台とも同じだが、やはり港南台はひと味違うらしい。というのも、駅周辺の団地には変わった名前が付いているのだ。たとえば、ちどり団地、かもめ団地、めじろ団地。巨大な団地はどこも鳥の名前を頂いている。ちなみに、駅前の商業ビルの港南台バーズは、団地が鳥の名前になっているのにちなんで、その中核を担うことを期待されて公募で命名されたそうだ。〝〇〇台〟のネーミングもそうだけれど、こうした命名からもニュータウンとしての誇りが感じられる。

港南台駅周辺は、一九六〇年代半ばまでは丘陵地の山林にわずかな田畑が点在するような里山に過ぎなかった。そこに横浜市の都市計画に基づいた大規模な宅地開発の構想が持ち上がる。一九七三（昭和四十八）年に根岸線が延伸して港南台駅が開業。その翌年の一九七四（昭和四十九）年九月から、港南台エリアで初めてとなるめじろ団地の入居がはじまっている。めじろ団地は、分譲一三九〇戸というマンモス団地だ。港南台バーズのオープンもめじろ団地入居開始とほぼ同時。最初は港南台マートという牧歌的な名前でオープンした。中核テナントは、いまはそうてつローゼンに名を変えている相鉄ストアだ。

その後も、ちどり・かもめ・ひばりと次々に団地が生まれる。分譲団地がほとんどだが、中には賃貸の団地もあった。一九七〇年代にひととおり団地が出揃うと、一九八〇年代からは戸建て住宅の分譲へ。一九八四（昭和五十九）年には、一区画四八〇〇万円での宅地分譲が行われている。一九八八（昭和六十三）年になると、三世代型４ＬＤＫ＋１Ｋの公団一戸建てが、なんと九〇〇〇万円台。不動産価格がうなぎ上りどころかほとんど垂直に高騰していたご時世というのもあるが、公団の建て売りが九〇〇〇万円台というのは空恐ろしい。九〇〇〇万円のうち、七〇〇〇万円ほどが土地代だったという。同じ頃、大阪の箕面《みのお》では九九八八万円という分譲価格もあった、そういう時代である。郊外の公団一戸建てでこの価格なのだから、都心のマンションや一戸建てとなると、それはそれは相当の価格だったに違いない。令和のいまも不動産価格は高騰しているが、住まいに直結するだけになかなか考えものである。

バブル期に分譲された港南台駅周辺の戸建て住宅。典型的な閑静な住宅エリアだ

ともあれ、港南台はそうした戸建て住宅と、それより少し早く完成した団地群によって構成される町だ。町中を少し歩いていたら、一戸建て住宅が並ぶ中にCreepy Nutsの「Bling-Bang-Bang-Born」が流れてきた。まったくこの静かな住宅地にはそぐわない。一体何だと思っていたら、すぐ近くに小学校。グラウンドでは子どもたちが運動会の練習か何かをしているようだ。この曲に合わせたダンスが「Tik-Tok」で流行っているとかで、運動会でも使われているのだとか。なんだか時代の変化について行けなくなりそうな話だが、港南台にやってきたから新しいことを学べたと思えば悪くない。

　このあたりで再び駅前に。二〇二〇（令和二）年まで、駅前には高島屋もあったという。すでに閉店してしまい、港南台バーズが敷地を拡げて営業している。平日の昼間でも人通りが絶えない港南台。近くに暮らしている人だけでなく、少し離れた洋光台や本郷台に暮らす人も買物などにやってくるのだろう。開発から半世紀、巨大都市・横浜の住宅事情を支えている町である。

JK02 本郷台駅

——山の上の海軍の町

ニュータウンの中のトンネルを抜けて、本郷台駅にやってきた。丘陵に面した盛土の上に設けられた島式ホーム。北側には丘陵上のマンションを背負い、南側には留置線が広がって、そのさらに南側の盛土の下に駅舎がある。駅前広場から駅舎を見ると、いかにも丘陵上にその地形を活かしたままに作った駅なのだということがよくわかる。

広々とした本郷台の駅前広場の周囲には巨大な団地が建ち並ぶ。港南台のように大型商業施設があるわけではなく、どちらかというと団地一階の商店街。ピーコックやケンタッキーなどもあって、日常的な買物に困ることはなさそうだ。

駅前の、団地の中の商店街を南に抜けた先には、パークホームズ横浜本郷台リバーサイドという長い名前の大型マンションが建っている。古い航空写真と照らし合わせると、かつてはここも団地だったようだ。老朽化を受けて建て替えて、真新しいマンションに衣

本郷台駅は北側に大型マンションを背負う。駅前広場あたりに燃料工廠引き込み線のホームがあった

いたち川と大型マンション。かつて汚れていたいたち川もいまは清流に

替えをしたのだろうか。そんなマンションのさらに向こうには、小さな川が流れている。川の名前は、いたち川。

開発前までは里山風景だったニュータウンを流れるいたち川。そんなことを聞かされると、昔は野生のイタチが出たのだろうか、などと思ってしまう。が、いたち川の由来は動物のイタチとはまったく関係がないようだ。鎌倉時代、河原で昼食をとった武士が「いざ出立ち」と叫んだことからいたち川というようになったという。さすがにちょっと信じられない。地名の由来なんてだいたいそういうものだから真実を追い求めても意味がないのだが、とにかくいたち川が里山時代の本郷台を感じさせる小川であることは間違いない。

ちょうど本郷台の開発が進んでいた一九七〇年代、いたち川は水質汚染が進んで黒く濁っていたそうだ。ニオイもきつく、住民からは暗渠にしてくれという声も上がっていた。そこで、一九八〇年代からコイやフナを放流し、

いちょう並木に大きなマンション、団地がずらりと並ぶ。70年代のニュータウンだ

川を蛇行させたり河底を掘り下げたりして、ようやく清流を取り戻した。いまのいたち川沿いは遊歩道として整備されていて、春には桜、秋にはイチョウが美しい散歩道。里山風景を残しながらもニュータウンの発展と両立させた、気持ちのいい町だ。

そんないたち川の対岸には、神奈川県警の警察学校や病院、また神奈川県栄区の区役所もある。栄区は一九八六（昭和六十一）年に戸塚区から分離独立した新しい区だ。栄区内にある駅は本郷台駅だけで、つまりこの駅と周辺は栄区の中心地。かつては近くに消防学校もあったとかで、ニュータウンの割には行政機関が多く集まっている。

実は、この町はただのニュータウンではない。歴史的にみれば、むしろ洋光台・港南台・本郷台の三兄弟の中では、いちばん最初に〝町〟ができあがった。その町とは、海軍の町だ。

一九三八（昭和十三）年、現在の本郷台駅周辺には第一海軍燃料廠が設置された。この場所が選ばれたのは、軍港都市・横須賀にもほど近く、内陸の丘陵地にあるから艦砲射撃などでも狙われにくい環境にあったからだろう。航空燃料や船舶燃料に関する研究施設が置かれ、戦時中には石油が確保できなくなった事態に備えて代替燃料の研究も手がけていたという。

そんな〝軍都〟だった時代の本郷台には、大船駅からの引き込み線も伸びていた。引き込み線の跡地は現在も道路になって残っている。警察学校のあたりを横切って、本郷台駅の駅前広場付近にホームが置かれていたという。せっかく戦時中の引き込み線があったのに、根岸線がそれを活用しなかったのは、すでに道路になっていて周辺が宅地化されていたからだろう。本郷台駅の開業は、終戦から二〇年以上経ってからである。

戦後の海軍燃料廠は連合軍に接収され、大船PXという物資倉庫に充てられた。全面返還はやや遅れて一九六七（昭和四十二）年になってから。伊勢佐木町や本牧もそうだったが、横浜は接収解除が全体的に遅れている。どうしてそうなったのかはわからないが、このあたりの事情も横浜の町づくりに大きな影響を及ぼしたことは間違いない。

燃料廠跡の大船PXが日本に返還されてからは、警察学校や消防学校などの行政機関が置かれ、根岸線が開業する一九七〇年代になってから宅地開発が進んでいった。つまり、軍都だった時代を含めれば、町として形ができたのは三兄弟の中では最も古いということになる。

しかし、根岸駅にしろ石川町駅や関内駅にしろ、根岸線はなかなかどうして米軍をはじめとする欧米との縁が深い地域を通っている。ただのニュータウンと侮ることなかれ。すべての町に歴史あり、である。

JK 01

大船駅

——旅の終わりにキネマの天地

京浜東北・根岸線の旅は、ようやく大船駅で終わりを告げる。

大宮駅から大船駅まで、京浜東北・根岸線を乗り通したら約二時間。ちなみに、快速と各駅停車では二～三分ほどしか変わらない。快速運転をしている日中には各駅停車は走っていないから比べたところで意味はないのだが、だったら快速運転の必要性はどこにあるのだろうと思ってしまう。

もうひとつ比べると、同じ大宮～大船間を上野東京ライン経由の中距離電車を使ったら、所要時間は約一時間二〇分。さすがに中距離電車のほうが圧倒的に早い。横浜～大船間では一〇分くらいしか変わらないから、空いている電車の方が良いと思うならば京浜東北線を選んでもあんがい悪くないかもしれない。

ともあれ、大船駅にやってきて、ようやく長い旅は終わりである。長い旅などといっても、実際に京浜東北・根岸線を乗り通すけったいな人がどれだけいるか

大船駅は鎌倉市内の駅だが、北側は横浜市栄区。構内を市境が横断している

はわからない。正直に打ち明ければ、筆者だって仕事だからやっているだけだ。

大船駅は、いうまでもなく鉄道の要衝だ。そこにあって京浜東北・根岸線の存在感は小さく、東海道本線と横須賀線が分かれるという一点において、大きな意味を持つターミナルである。

大船駅が開業したのは一八八八（明治二十一）年のこと。横須賀線はその翌年に開業している。それまでは柏尾川沿いの田園地帯に過ぎなかった一帯も、駅開業をきっかけに都市化が進んでゆくことになる。

大船までやってくると、湘南に近く気候も温暖で交通の便も悪くない。それに目をつけて、大正時代には田園都市を開発する計画があった。関東大震災とそれに続く昭和恐慌で計画は頓挫して日の目は見なかった。そこにやってきたのが、松竹の撮影所。一九三六（昭和十一）年、それまで京浜東北線沿線の蒲田にあった松竹の撮影所、キネマの天地が大船に移転したのである。

撮影所の移転先が大船になったのには、いくつかの理由があったようだ。中でも大きな理由は、海も山も川もあって、横浜にも鎌倉にも箱根にも近いから。ロケをするにも交通の便が良い、というわけだ。また、蒲田では近隣の工場の騒音がトーキー映画の撮影に支障した。その点、まだまだ開発途上の大船ならば大丈夫というのも理由のひとつだったに違いない。

大船にやってきた松竹の撮影所からは、数々の名作が世に送られた。小津安二郎監督の作品も大船から。『晩春』『麦秋』『東京物語』といった未だに色褪せない作品も、また日本初のカラー長編『カルメン故郷に帰る』、もう少し新しいところでは『男はつらいよ』シリーズも、大船撮影所で生み出された。所長の城戸四郎によって確立された「大船調」は広く普及し、多くのホームドラマが製作されている。

そして、撮影所の移転によって役者や映画関係者が暮らす〝映画町〟が築かれる。これがいまの大船の市街地の原点のひとつだ。

さらに、軍港都市・横須賀に近いという事情もあって、周辺には三菱や芝浦製作所（現・芝浦メカトロニクス）、海軍工廠深沢分工場といった工場も進出する。大船駅前には、工場で働く人たち、また映画関係者をあてにして、飲食店の集まる繁華街が形成される。このあたりの流れは、他のどの町とも共通したものだ。そうした繁華街はいまの大船駅東側の賑やかな商店街にそのまま繋がっている。

駅周辺は細い路地沿いの商店街。路上に商品を並べる活気に満ちた庶民的な町並みだ

大船駅の東側には、細い路地にいくつもの店が軒を並べ、実に活気に満ちた庶民的な商店街。大船駅の周辺を歩く機会は少ないが、東京都内でいうならば、たとえば戸越銀座の商店街によく似ているとでもいえば伝わるだろうか。チェーン店もあるけれど、路面に商品を並べて客とコミュニケーションを取りながら商いをしている店も少なくない。

そうした町中にあるスーパ

ーマーケットは西友だ。そうてつローゼンの町から西友の町へ、別にスーパーのブランドで町の特徴を推し量るつもりはないけれど、それまでの町とはまた違うフェーズまでやってきたことは間違いない。

町中には、駅前から西友の脇を抜けて東に伸びる、「松竹通り」という道がある。その名の通り、松竹の大船撮影所に向かう一本道だ。撮影所は松竹の経営難もあって二〇〇〇（平成二十二）年に閉鎖されたが、映画の町の名残りはいまもあり、といったところだろうか。

改めて、映画の町という大船の原点に立ち返ると、駅前の賑やかな商店街も撮影所があったから。日本の映画全盛期は一九五〇年代と言われる。まだテレビが普及しておらず、娯楽といったら映画の時代。大船の町も、さぞかし活況を呈していたことだろう。

けれど、そうした時代には京浜東北・根岸線の電車はまだ大船にはやってきていない。根岸線が大船駅まで到達したのは一九七三（昭和四十八）年だ。その頃には、すでに映画産業は斜陽になり始めていた。大船という町を基準に時代の移り変わりを考えると、京浜東北・根岸線の完成は、映画産業が斜陽になって工場の地方移転もはじまった、そうした時代にやってきた通勤電車ということになる。古き良き昭和から、もうひとつ違う段階の未来へ。時代の変わり目を象徴する、通勤路線の完成だったのかもしれない。

「松竹通り」。この道の先には松竹の大船撮影所があった。いまは鎌倉女子大キャンパスなどに

写真：『日本国有鉄道百年史』

第四章

京浜東北・根岸線ヒストリー

~Since1914

●京浜東北線とは何か

大宮〜横浜間の電車線を走る運転系統を指す愛称——。

京浜東北線がどんな路線なのかを端的に説明すれば、こういうことになる。

細かいことをいえば、正式な路線名は東京〜大宮間が東北本線、東京〜横浜間は東海道本線であり、京浜東北線はその〝電車線〟である。

最初は東京〜高島町間だけだったが、のちに運転区間を拡大し、大宮まで達する。そして、一九七〇年前後に開業した根岸線と直通するようになり、現在では大宮〜大船間が京浜東北・根岸線として一体の路線になった。東京駅というターミナルを中央に挟んでいるから、上り・下りの呼称は不適切。そういうわけで、北行き・南行きという言い方をされることが多い。実際は、駅の案内では北行き・南行きも使われることは少なく、たとえば浦和・大宮方面のように、行き先の駅名を掲げるケースが定着しているようだ。

現在の京浜東北線という呼び名が完全に定着したのは、一九六〇年代半ば頃からだ。それ以前は、時刻表などで「東北・京浜線」という呼称も使われていた。さらにさかのぼって昭和の初期の呼び名は「京浜線」。当時はまだ〝東北線〟には乗り入れてなかったから、京浜東北線と名乗る道理がない。京浜東北線は、京浜線からはじまった。

一九一四（大正三）年十二月に東京〜高島町間に電車線が建設されて、電車が走った。京浜東北線の第一歩である。同じタイミングで東京駅が開業し、その前史として浜松町〜烏森〜呉服橋間に高架線が建設されたりといった、エポックメイキングなできごとはいくつかあった。ただ、こと京浜東北線に限れば、〝電車運転〟こそがキモである。

日本で初めての電車営業運転は、一八九五（明治二十八）年の京都電気鉄道だった。その後、名古屋や川崎、小田原などで路面電車が導入され、一九〇三（明治三十六）年には東京でも東京電気鉄道によって新橋～品川間で路面電車が走り出している。

当初は主に路面電車で、一般的な鉄道に電車が導入されるのは少し遅れた。一九〇四（明治三十七）年、甲武鉄道が飯田町～中野間で電車運転を開始したのがいちばん最初の例だ。甲武鉄道はのちに国有化されて、現在は中央線。一九〇九（明治四十二）年には、現在の山手線や埼京線の一部（上野～新宿～品川～烏森・赤羽～池袋間）で電車運転がはじまった。これらの電車運転は、のちに〝鉄道院の電車〟から院電と呼ばれ、鉄道省に変わると省電、戦後国鉄が発足すると国電と呼ばれるようになる。首都圏の鉄道ネットワークのいわば象徴的な、通勤電車の総称である（ちなみに、ＪＲ化後はＥ電という愛称があったが、ほとんど使われずに廃れている）。

新橋駅付近、外堀沿いの高架線（写真：『日本国有鉄道百年史』）

そして、一九一四（大正三）年の京浜線につながるのである。

浜松町駅から北に延びた市街高架線は、一九〇九（明治四十二）年に烏森（現・新橋）駅、翌年に有楽町・呉服橋まで延伸。一九一四（大正三）年に呉服橋駅が廃止されて東京駅が開業した。最初から、電車線と列車線の複々線が建設されており、京浜線の電車運転は早い段階で予定されていた。

なお、横浜方面では、東京駅が開業した時点ではまだ横浜駅は現在の桜木町駅の場所にあり、電車運転の終点としていったん高島町駅が開業している。一年後の一九一五（大正四）年に横浜駅が移転すると、京浜線の電車運転も桜木町駅まで延伸された。

ともあれ、京浜線は東京駅開業と市街高架線の完成とともに、鉄道が新しい時代に入るその象徴として、満を持してデビューすることになる。

●波乱の幕開け、京浜線

時は折しも第一次世界大戦の真っ只中。日本は連合国の一員として、ドイツ帝国が東アジアの拠点としていた青島《チンタオ》を攻略する。青島攻略戦を指揮した神尾光臣中将は、東京駅の開業に合わせて華々しく凱旋。一般営業開始に先立つ十二月十八日の東京駅落成・京浜線開通式で、神尾中将も品川駅から京浜線電車に乗り換えて東京駅に向かうことになった。列強の仲間入りをアピールするビッグイベント。東京駅も京浜線も、この神尾中将凱旋に合わせて、開業日が決定したという。

ところが、それがとんだハプニングをもたらしてしまう。神尾中将らを乗せた凱旋電車は無事に東京駅に着いたが、そのあとがまずかった。貴族院・衆議院の議員らを乗せた電車は順調に高架線を進んでゆく。異変が起きたのは品川駅を過ぎて建設されたばかりの複々線区間に入ったころだ。車両が大きく上下に揺れはじめ、その揺れのおかげでパンタグラフが架線から離れてしまう。そうなれば集電できないのだから電車は走らない。京浜線の電車は、来賓のお歴々を乗せたまま鶴見駅

開業間もない時期の有楽町駅（写真：『日本国有鉄道百年史』）

を少し過ぎた子安跨線橋付近でまさかまさかの立ち往生。後続の電車も線路上に次々に停車してしまった。

乗車した人の証言によれば、電車は走っては停まりまた少し走っては停まりを繰り返してついに動かなくなったという。記念すべき日にとんだ赤っ恥。翌日の新聞には、仙石貢鉄道院総裁の謝罪文が掲載されている。なかなかの大事件であった。

それでも京浜線は予定通り十二月二十日に一般営業を開始したのだが、トラブルが頻発。原因は、神尾中将の凱旋に合わせるというスケジュールの制約もあって、軌道がまったく固まっておらず、ろくに試運転もできなかったから。結局、十二月二十六日から京浜線は長期運休となり、翌一九一五（大正四）年五月十日から運転を再開している。

鉄道院の自業自得という面もあるが、帝国の英雄の凱旋ともなれば軍部の意向も働くだろうし、力関係からいって鉄道院がそれに逆らうことができたかどうか。一一〇年後のいまでもなかなか示唆に富む、京浜東北線の幕開けであった。

ともあれ、五か月かけて改良工事を行ったのだから、運転再開後の京浜線は順調だった。東京駅からは十五分間隔で三両編成と二両編成の電車が交互に走る、当時にしてはかなりの頻発運転だ。

一九一六（大正五）年十一月からは急行も運転されている。少なくとも、浜松町・蒲田・川崎・鶴見の四駅は通過してい

品川駅の電車線に停車中の京浜線電車（写真:『日本国有鉄道百年史』）

たようだ。急行の運転本数は朝夕の計五往復。通勤客の利便性の配慮したのだろうが、各駅停車だからと京浜線の電車に乗ったのに川崎駅を通過した、などというクレームも寄せられた。結局、急行運転は一九一八（大正七）年三月までで廃止されている。

また、開業時の京浜線には二等車も連結されていた。鉄道院が東京～横浜間の電車運転に踏み切った背景には、競合する京浜電気鉄道（京浜急行）の存在があった。電車運転でスピードアップ、それでいて客車と同じような快適性。急行の設定も、京急を意識したサービスのひとつだったのかもしれない。

そして、京浜線は北に向かって運転範囲を拡大してゆくことになる。

赤羽駅の電車線ホーム。昭和初期に乗り入れがはじまった（写真：『日本国有鉄道百年史』）

一九二五（大正十四）年には、東京～秋葉原間の電車線が完成し、京浜線の運転区間は田端～桜木町間に拡大した（同時に山手線の環状運転もはじまっている）。さらに、一九二八（昭和三）年には、東北本線田端～赤羽間にも電車線ができて、京浜線も乗り入れるようになった。現在と同じ大宮駅に達したのは、一九三二（昭和七）年のことだ。赤羽～大宮間は電車線ではなく、電化された列車線への乗り入れだった。このときから、京浜・東北線、または東北・京浜線などと呼ばれはじめたようだ。

こうして順調に形を整えていった京浜東北線は、この間の一九二三（大正十二）年九月一日、関東大震災を経験している。

関東大震災では鉄道も大きな被害を受けており、京浜線も例外ではなかった。有楽町駅や新橋駅、浜松町駅といった市街高架線の駅をはじめ、横浜駅や桜木町駅などが焼失。とうぜん電気も通らなくなって、電車運転どころではなくなった。もとの運行形態に復するまでには、一年近くも要したという。

関東大震災によって、京浜線はひとつの計画を失っている。桜木町駅から延伸して大船駅まで東海道本線とは別のルートで連絡することだ。いわば、根岸線のルーツである。

ただし、ルートは根岸線とはまったく違っていた。桜木町駅を出たらすぐに西に曲がって大岡川沿いを走り、保土ケ谷駅のあたりで東海道本線と合流。大船駅までは複々線（つまり電車線）を通し、ゆくゆくは大船駅から横須賀線に直通させるという計画だ。軍港都市の横須賀まで電車で結ぶことによって、海軍関係者の便を図る目的もあったのだろうか。

結局、この計画は震災によって沙汰止みとなって、すでに確保されていた大岡川沿いの鉄道用地は、のちに京急の高架線建設に転用されている。

●桜木町の悲劇とスカイブルーの登場

一九三二（昭和七）年、大宮〜横浜間で電車運転がはじまって、現在まで続く形ができあがった京浜東北線。翌一九三三（昭和八）年には、鉄道省では初めてとなる二〇メートル車の鋼製車体・40系電車が投入される。大阪の片町線電化とともに投入された新製車両で、東京地区では京浜東北線が最初の投入路線だ。

それ以前以後にも鉄道省初の鋼製車両30系、木造車を鋼体化した50系など、最新の電車が京浜東北線には立て続けに投入されている。東京と横浜、さらには浦和、大宮まで。広範囲で首都圏の通勤輸送を担った京浜東北線は、まさに通勤路線の花、戦前の黄金時代であった。

しかし、すでに戦争の足音が近づいていた。開業以来の二等車は、戦時体制への移行にともなって一九三八（昭和十三）年に廃止される（戦後、一時的に復活するが一九五七年に廃止されて以来復活していない）。戦時色が強くなると、京浜工業地帯の軍需工場の稼働はますます盛んになり、京浜東北線も工場労働者への輸送で八面六臂。一方では、戦時中の一九四五（昭和二十）年、空襲によって蒲田電車区や東神奈川電車区が焼失するなど、路線としても大きな被害を受けている。

そうした時代に活躍していたのが、〝戦時設計〟の63系だ。

63系は、敗色が濃厚になっていた一九四四（昭和十九）年から導入がはじまった。客室内の天井は鉄骨がむき出しの裸電球で、座席や背もたれはすべて板張り。三段窓の上段と下段だけがわずかに開くという構造で、塗装にも燃焼性の高い塗料が使われていた。簡素というか、粗末というか、とにかく間に合わせ。金属類はすべからく航空機や戦艦・空母の製造に回されていたご時世だ。

それでも、63系の投入によって京浜東北線の運行は続けられた。何度空襲を受けてもその都度復旧して運転を再開。そうして一九四五（昭和二十）年八月十五日の終戦を迎えたのである。

終戦後の京浜東北線には、連合軍専用車両が登場している。一両がまるごと連合軍専用に指定され、車体は白帯をまとう。「U.S.MILITARY CAR」と大書され、米軍専用であることがアピールされた。アメリカ以外の軍隊も進駐するようになると、「ALLIED FORCES SECTION」と改められるが、いずれにしても敗戦国の日本人がおいそれとは乗れない、そういう車両だった。

その後、日本人でも外国人と同じ料金を払えば乗ることができるようになり、徐々に専用車両も減少していったという。一九四九（昭和二十四）年には、専用車両を婦人子供専用車両に転用している。この頃、京浜東北線に限らず首都圏の郊外電車は混雑が激化しており、女性や子供を殺人

1951年4月に発生した桜木町事故。高架の上で車両が燃えている（写真：『日本国有鉄道百年史』）

的な混雑から守らねばならぬという発想から生まれたものだ。二〇一〇（平成二十二）年からは京浜東北線に女性専用車両が導入されたが、それとは少し違う意図で、同様の車両が終戦直後に走っていた。

戦時中は京浜工業地帯への通勤客の輸送で活躍した京浜東北線は、戦後も復員者や疎開者の帰還、また買い出し客などで極度の混雑に陥っていた。しかし、空襲で車両の多くが失われており、充分な運転本数を確保することができない。そこで、窮余の策として戦時設計の63系が量産された。一九四六（昭和二十一）～一九五〇（昭和二十五）年にかけて、実に八〇〇両以上の63系が生産、投入されている。京浜東北線にも新たに63系が投入され、増加するばかりのお客をさばき、戦後の混乱期の輸送を支えることになる。

しかし、終戦直後の輸送を支えた63系が悲劇をもたらす。一九五一（昭和二十六）年四月二十四日、桜木町事故である。時間は十三時三十分を少し過ぎたころ。桜木町駅付近では架線の碍子《がいし》交換作業が行われていた。そのとき、誤って作業員がスパナを落としてショートし、架線を支えるワイヤーが断線。架線が垂れ下がってしまう。ちょうどそこに桜木町駅へと電車が進入。垂れ下がっていた架線とパンタグラフが絡まり、火花が散って木製の屋根や天井塗料に引火する。瞬く間に車内に火が回る。中段が固定された三段窓から逃げることはできず、ドアコックを開けて外に逃げる方法も明示されていなかった。架線からの電流がずっと車両に流れ続けたことも、燃焼の拡大に拍車をかける。

先頭車両はものの一〇分で全焼して二両目も延焼。最終的に、車内に閉じ込められた乗客一〇六名が命を落とし、九二名が負傷した。燃焼性の高い素材が多く使われていた、戦時設計の63系がもたらした悲劇であった。

一九五〇年代から一九六〇年代前半にかけて立て続けに発生した国鉄五大事故のなかで、いちばん最初の事故が桜木町事故だった。国鉄五大事故によって国鉄の信頼は失墜し、赤字転落の要因のひとつにもなった。そして、戦時設計の63系は突貫で不燃性の素材に変更する改良工事が行われる。この頃、すでに70系や80系といった新型車両が登場し、戦時設計車両も徐々に姿を消しつつあった。そういう時代の中で、京浜東北線は63系が最も多く在籍している路線だったのだ。

そうして、改良された63系は72系と名を変えて、京浜東北線に戻っていった。加えて新製の72系も大量投入され、京浜東北線で覇権を握ることになる。

京浜東北線では、いちばん長く使われた車両が72系だ。他線区では新しい車両が次々に投入される中でも、京浜東北線ばかりはなぜかずっと72系。たとえば、山手線では一九六一（昭和三十六）年に101系が投入され、一九六三（昭和三十九）年からは103系。101系はカナリア色で、103系から山手線でおなじみウグイス色の車体になった。山手線がグリーン、中央線がオレンジ、総武線各駅停車がイエローという、いまも定着しているラインカラーは、このときに生まれている。

ところが、京浜東北線は蚊帳の外だった。戦前には最新車両がいちばんに投入されていたのに、戦後は長らく72系が主力のまま。お隣の山手線にはウグイス色の新しい車両が走っているのに、京浜東北線は古くさいブドウ色、という時代が長引いた。一九六四（昭和三十九）年には根岸線桜木町〜磯子間が開業しても、状況は変わらない。なんでも、新製車両は万博で賑わう大阪方面に集中的に投入されたのだという。京浜東北線は、いつまで経ってもブドウ色。中距離電車の東海道本線や東北本線からもだいぶ遅れを取ってしまった。

京浜東北線に１０３系が投入されたのは、山手線から遅れること二年後の一九六五（昭和四十）年。ようやくスカイブルー、カラフルな電車が京浜東北線にもやってきた。ブドウ色の72系はその後もしばらく使われて、一九七一（昭和四十六）年に完全に退いている。

●山手線分離と〝唯一の黒字路線〟根岸線の完成

１０３系、スカイブルーの京浜東北線がようやく誕生するその一〇年ほど前の一九五六（昭和三十一）年、路線としての京浜東北線も形が整った。田町～田端間の山手線との分離運転がスタートしたのである。

それまで、京浜線・京浜東北線の電車は山手線と同じ線路を走っていた。しかし、戦後の復興・経済成長と首都圏の人口の増加によって、通勤電車の混雑は深刻な社会問題になっていた。京浜東北線と山手線は、同じ線路の上を一分五〇秒間隔で交互に走り、かろうじてラッシュ輸送を乗り越えていた。そこで求められたのが、京浜東北線と山手線の線路を分ける分離運転だ。

分離運転のルーツは、実は戦前にさかのぼる。東京～品川間には、京浜線急行電車計画があり、そのためにすでにホームや高架橋の拡張などが完成していたのだ。京浜線の急行電車は、結局戦争に突入したことで日の目を見なかったが、それが戦後になって役に立つ。

東京～田端間では、完全な線増工事が必要だった。上野～神田間では高架を拡張して線路とホームを増設、上野～田端間では上野山の台地を削って複線スペースを確保した。時間のかかる難工事で、工事期間中には先行して完成した上野～東京間の線増部分を利用して、東北本線や高崎線、常磐線の中距離列車の一部が東京・新橋方面に延長運転をしていたこともある。二〇一五（平成二十七）年に開業した上野東京ラインのルーツといっていい。

こうして一九五六（昭和三十一）年十一月十九日、田町〜田端間の京浜東北・山手線の分離と方向別複々線化が完成し、分離運転がはじまった。そのときのダイヤは、ピーク時には二分四十秒間隔での運転となり、分離以前と比べて大幅に輸送量が増加している。ただし、当初分離運転が行われていたのはラッシュ時だけで、日中の閑散時間帯には複々線四線のうち一線を保守に充てていた。いまでも、ダイヤ乱れなどが生じた際にはごく稀に京浜東北線の線路を山手線の電車が（またはその逆が）走るシーンを見ることができる。

山手線との分離運転のスタートに加え、一九六八（昭和四十三）年には東北本線赤羽〜大宮間が三複線化し、京浜東北線専用の電車線が新設されている。これにより、まったくいまと変わらない、大宮〜横浜間の京浜東北線の形が完成した。京浜線の開業から、半世紀が経っていた。

そして、根岸線である。

根岸線は、一九六四（昭和三十九）年に桜木町〜磯子間、一九七〇（昭和四十五）年に磯子〜洋光台間、一九七三（昭和四十八）年に洋光台〜大船間が開通し、完成した。磯子駅への延伸当時から京浜東北線との直通運転を実施しており、開業から一貫して京浜東北線とは事実上一体となった路線である。

根岸線建設の背景には、根岸湾の埋め立てをはじめとする横浜市南部の開発があった。

横浜は、戦後の連合軍による中心市街地の接収が長引き、復興・経済成長で後れを取っていた。そこで、まだ開発の手がついていなかった市南部に白羽の矢を立てる。一九五〇年代から根岸湾埋め立てと根岸線建設の構想が語られていたようだ。事実、一九五〇年代半ばには磯子区内の漁協が

開業当時の根岸駅付近。右手のカーブしている高架が根岸線（写真：『日本国有鉄道百年史』）

埋め立てと根岸線建設に反対する動きを見せている。

根岸線の建設が決定したのは一九五七（昭和三十二）年の鉄道建設審議会。桜木町〜大船間を仮称〝桜大線〟として、即時着工線に挙げられた。着工したのは一九五九（昭和三十四）年のことである。

そうして順調に工事が進み、一九六四（昭和三十九）年に第一期開業区間として桜木町〜磯子間が開業する。すでに根岸湾や本牧方面の埋め立ては進んでおり、〝第二の京浜工業地帯〟として期待が高まっていた。そうした地域への通勤アクセス、また貨物輸送を担う路線として、根岸線は大きな役割を背負っての開業であった。

当時、国鉄が建設していた新線のほとんどは地方のローカル線。開業前から赤字が確定しているような路線ばかりだ。都市部では線増などによる輸送量区増強は行われていても、まったくの新線を建設する動きはほとんどなかった。そんな中にあって、根岸線は〝唯一の黒字路線〟などと言われるような、そういう位置づけの路線だった。

なお、根岸線での貨物輸送は京浜東北線の電車輸送に支障を来さないため、東海道本線の貨物支線〝高島線〟を介して行われている。

磯子駅まで開業した時点では、まだ磯子〜大船間のルートは決定していなかった。この区

1962年に開設された浦和電車区。現在はさいたま車両センター（写真：『日本国有鉄道百年史』）

間では横浜市南部の丘陵地帯を横断することになる。まだまだ当時は未開発の地域も多く、どこを通すかでさまざまな綱引きが行われていたであろうことは想像に難くない。

最終的には横浜市の都市計画や住宅公団によるニュータウン造成と歩調を合わせ、一九七〇代前半に大船駅まで延伸。現在に続く、京浜東北・根岸線の完成である。

その頃には、ブドウ色の72系もすでに引退しており、一九七四（昭和四十九）年にはＡＴＣ（自動列車制御装置）対応の１０３系冷房車が導入された。しばらくの間、京浜東北線はまるでほったらかしのように一時代前の72系が走り続けていたが、ようやくここに来て〝最新の通勤路線〟らしい形を整えてゆく。一九八〇年代には全線でＡＴＣが導入され、一九八八（昭和六十三）年三月からは、山手線との並行区間で快速運転がはじまった。

京浜東北線の快速運転は、なかなかの議論を呼ぶことになる。何しろ、有楽町や新橋、日暮里といったそれなりにお客の多い駅を通過するのだ。特に銀座の玄関口でもある有楽町・新橋駅の通過はインパクトが大きい。プライドが傷つけられたと新生・ＪＲに強く反発。銀座の商店街から港区までもがダイヤの見直しをＪＲ東日本に要求している。

そういえば、最近も京葉線で似たようなことがあった。京葉線では地元の反発にJR側が屈する形で、わずか半年ほどでダイヤの一部が元に戻された。しかし、京浜東北線の快速運転は撤回されず、現在まで続いている。京浜東北線が快速運転をしている傍らで山手線が各駅に停まっているのだから、沿線に与える影響は小さい。京葉線とは事情が違う、といったところだろうか。

一九八九（平成元）年には205系が投入され、続けて209系を経て二〇〇七（平成十九）年にはE233系がデビューした。京浜東北線のE233系は、中央線用に投入された0番台に次ぐ1000番台。短い間隔で新型車両が投入されるようになり、戦前にそうであったような黄金時代の輝きを取り戻している。

そして、これからも京浜東北線は時代の先をゆく。ATO（自動列車運転装置）の導入や新型車両の投入の話も漏れ聞こえ、ホームドアの設置も進んでいる。二〇二〇（令和二）年には、新駅・高輪ゲートウェイ駅が開業した。導入時に議論を呼んだ快速は、のちに浜松町・神田・御徒町（土休日のみ）が停車駅に加わって、通過するのは五駅だけになっている。

いずれにしても、首都圏を代表する通勤電車である京浜東北・根岸線。一一〇年前に京浜線として波乱の開業をしたそのときから、首都圏でもとりわけ人口密度の高い地域を駆け抜けて、人々の暮らしを支えてきた。

山手線も中央線もあるけれど、スカイブルーの京浜東北・根岸線。埼玉県のマンモス都市・さいたま市から、東京の下町、海沿いの京浜工業地帯。さらには港町らしさ漂う横浜の中心を駆け抜けて、最後は野越え山越えの根岸線。ときに風光明媚で、ときに歴史を感じて、そして住宅地とオフィス街や工業地帯を駆け抜ける。首都圏の日々の営みに、スカイブルーの京浜東北線はなくてはならない存在なのである。

おわりに

京浜東北線と根岸線を合わせると、ぜんぶで四七の駅がある。赤穂浪士になぞらえているわけでもなく、AKBとも坂道とも関係ない。というより、大宮〜大船間の現在の運転区間が定まってから も、二〇〇〇（平成十二）年にはさいたま新都心駅、二〇二〇（令和二）年には高輪ゲートウェイ駅が開業するなど、駅の数も増えている。京浜線として開業した一一〇年前の駅は東京駅と高島町駅を含めて一四駅（一九二八年に廃止された神奈川駅を含む）。その時点から、京浜東北線は三倍以上に膨れ上がったのである。

そんな四七の京浜東北・根岸線の駅。東京駅や秋葉原駅のように、インバウンドを含めた観光客が多く集まる駅もある。ただ、周辺が名の知れた観光地、といったような駅はほとんどないといっていい。根岸線内の桜木町駅はみなとみらい21地区の玄関口、と同駅の項でも書いた。ただ、現実をみればみなとみらい21地区の玄関口としてはみなとみらい線のほうが主役になっている。京浜東北線の沿線は、山手線と並走する都心部を除けば、ほぼすべて郊外の住宅地の中を走っている。

ここで本書の構成とは趣向を変えて、南から追いかけてみたい。

大船駅からは横浜市南部、丘陵地の中のニュータウンを横切ると、根岸湾沿いへ。このあたりは海沿いが埋立の工業地帯で、山側には住宅地という、遅れてできた京浜工業地帯だ。外国人居留地があった山手の台地を北に抜けると、関内、桜木町といった港町・横浜の中心地。ターミナル・横浜から先は、ふたたび京浜工業地帯の香りが漂う町を抜け、多摩川を渡って東京都に入る。

東京都内では、まず城南の三駅、蒲田・大森・大井町。どれも都心近郊の住宅地・商業地の駅だが、町工場が多いとか、戦前戦中は工業地帯だったとか、そういう歴史も抱えている。

品川駅からは山手線との並走区間。高輪ゲートウェイ駅では新しい町が生まれようとしていて、浜松町〜東京間は大正時代初期に建設された市街高架線。いまも開業時の姿が残るレンガ造りの高架下では、庶民的な酒場が店を開いている。

神田川を渡る東京〜秋葉原間の高架線は、山手線で最後につながった区間。上野駅からは武蔵野台地の崖下を沿うように走り、王子・赤羽はせんべろの町。荒川の向こうは、高度経済成長期以降、急速に東京の衛星都市として発展した川口だ。鋳物の町だった時代も今は昔、駅の周りにはタワーマンションが何本も生えている。

川口の先は、蕨市を挟んでさいたま市に入る。はじめは浦和、次は与野、最後の最後に大宮だ。さいたま市を構成する主要三市のターミナル。さいたま市発足の前年に開業したさいたま新都心は、旧市時代の関係性を脱する融和の象徴なのかどうなのか。

こうして俯瞰するだけでも、京浜東北・根岸線の駅と町は、どれも粒ぞろいの個性派だ。隣り合っている駅同士では似ているところや共通しているところがあっても、現在の姿や本質的な性質を異にしていたり、まったく珍しい文化が栄えていたり。

そして、そうした沿線地域で育まれてきた人や文化が、スカイブルーの電車に乗って東京都心へと流れてゆく。山手線と並行する、田端〜品川間。この区間の町の個性は、京浜東北線沿線の郊外の町々によって、形作られてきたのかもしれない。

これからも、京浜東北線は首都圏の通勤電車の代表格であり続けるだろう。そして、沿線の町はまた、時と共に姿を変えたり変えなかったりしながら、歴史を刻む。また数年、数十年の時を空けて、もう一度京浜東北線の駅を歩いてみるのも、おもしろそうである。

	駅番号	駅名		所在地	開業年月日	構造 ※カッコ内は京浜東北・根岸線の番線	乗車人員（2023年度）	接続路線
京浜東北線	JK25	有楽町	ゆうらくちょう	東京都千代田区	1910年6月25日	高架2面4線（1・4番線）	125,532人	山手線、東京メトロ有楽町線
	JK24	新橋	しんばし	東京都港区	1909年12月16日	高架3面6線・地下1面2線（3・6番線）	219,113人	東海道線・横須賀線、東京メトロ銀座線、都営浅草線、ゆりかもめ
	JK23	浜松町	はままつちょう	東京都港区	1909年12月16日	地上2面4線（1・4番線）	126,667人	山手線、東京モノレール、都営浅草線・都営大江戸線
	JK22	田町	たまち	東京都港区	1909年12月16日	地上2面4線（1・4番線）	119,356人	山手線、都営浅草線・都営三田線
	JK21	高輪ゲートウェイ	たかなわげーとうぇい	東京都港区	2020年3月14日	地上2面4線（3・4番線）	11,110人	山手線、京急本線、都営浅草線
	JK20	品川	しながわ	東京都港区	1872年6月12日	地上8面14線（4・5番線）	274,221人	東海道新幹線・東海道線・横須賀線・山手線、京急本線
	JK19	大井町	おおいまち	東京都品川区	1914年12月20日	地上1面2線（1・2番線）	84,189人	東急大井町線、りんかい線
	JK18	大森	おおもり	東京都大田区	1876年6月12日	地上1面2線（1・2番線）	78,233人	
	JK17	蒲田	かまた	東京都大田区	1904年4月11日	地上2面3線（1～4番線）	121,107人	東急池上線・東急多摩川線
	JK16	川崎	かわさき	川崎市川崎区	1872年7月10日	地上3面6線（3・4番線）	187,310人	東海道線・南武線、京急本線・京急大師線
	JK15	鶴見	つるみ	横浜市鶴見区	1872年10月15日	地上1面2線・高架2面2線（1・2番線）	69,668人	鶴見線、京急本線
	JK14	新子安	しんこやす	横浜市神奈川区	1943年11月1日	地上1面2線（1・2番線）	20,481人	京急本線
	JK13	東神奈川	ひがしかながわ	横浜市神奈川区	1908年9月23日	地上2面4線（1・2・4番線）	33,583人	横浜線
	JK12	横浜	よこはま	横浜市西区	1915年8月15日	地上4面8線（3・4番線）	362,348人	東海道線・横須賀線、京急本線、東急東横線、相鉄本線、みなとみらい線、横浜市営地下鉄ブルーライン
根岸線	JK11	桜木町	さくらぎちょう	横浜市中区	1872年6月12日	高架2面3線（1～4番線）	70,661人	横浜市営地下鉄ブルーライン、YOKOHAMA AIR CABIN
	JK10	関内	かんない	横浜市中区	1964年5月19日	高架2面2線（1・2番線）	50,477人	横浜市営地下鉄ブルーライン
	JK9	石川町（元町・中華街）	いしかわちょう	横浜市中区	1964年5月19日	高架2面2線（1・2番線）	29,557人	
	JK8	山手	やまて	横浜市中区	1964年5月19日	高架2面2線（1・2番線）	16,480人	
	JK7	根岸	ねぎし	横浜市磯子区	1964年5月19日	地上1面2線（1・2番線）	20,001人	
	JK6	磯子	いそご	横浜市磯子区	1964年5月19日	地上1面2線（1・2番線）	17,530人	
	JK5	新杉田	しんすぎた	横浜市磯子区	1970年3月17日	高架2面2線（1・2番線）	33,410人	京急本線、横浜シーサイドライン
	JK4	洋光台	ようこうだい	横浜市磯子区	1970年3月17日	地上1面2線（1・2番線）	18,049人	
	JK3	港南台	こうなんだい	横浜市港南区	1973年4月9日	地上1面2線（1・2番線）	27,788人	
	JK2	本郷台	ほんごうだい	横浜市栄区	1973年4月9日	地上1面2線（1・2番線）	17,975人	
	JK1	大船	おおふな	神奈川県鎌倉市	1888年11月1日	地上5面10線（9・10番線）	88,996人	東海道線・横須賀線、湘南モノレール

京浜東北・根岸線全駅データ

	駅番号	駅名		所在地	開業年月日	構造 ※カッコ内は京浜東北・根岸線の番線	乗車人員 (2023年度)	接続路線
京浜東北線	JK47	大宮	おおみや	さいたま市大宮区	1885年3月16日	地上5面10線・地下2面4線（1・2番線）	244,393人	東北新幹線・上越新幹線・北陸新幹線・宇都宮線・高崎線・埼京線・川越線、東武アーバンパークライン、ニューシャトル
	JK46	さいたま新都心	さいたましんとしん	さいたま市大宮区	2000年4月1日	地上2面4線（1・2番線）	52,622人	宇都宮線・高崎線
	JK45	与野	よの	さいたま市浦和区	1912年11月1日	地上1面2線（1・2番線）	25,009人	
	JK44	北浦和	きたうらわ	さいたま市浦和区	1936年9月1日	地上1面2線（1・2番線）	47,163人	
	JK43	浦和	うらわ	さいたま市浦和区	1883年7月28日	高架3面6線（1・2番線）	88,213人	宇都宮線・高崎線
	JK42	南浦和	みなみうらわ	さいたま市南区	1961年7月1日	地上2面4線・高架2面2線（1～4番線）	53,808人	武蔵野線
	JK41	蕨	わらび	埼玉県蕨市	1893年7月16日	地上1面2線（1・2番線）	53,921人	
	JK40	西川口	にしかわぐち	埼玉県川口市	1954年9月1日	地上1面2線（1・2番線）	52,921人	
	JK39	川口	かわぐち	埼玉県川口市	1910年9月10日	地上1面2線（1・2番線）	74,001人	
	JK38	赤羽	あかばね	東京都北区	1885年3月1日	高架4面8線（1・2番線）	91,642人	宇都宮線・高崎線・埼京線
	JK37	東十条	ひがしじゅうじょう	東京都北区	1931年8月1日	地上2面3線（1～3番線）	22,041人	
	JK36	王子	おうじ	東京都北区	1883年7月28日	高架1面2線（1・2番線）	56,939人	東京メトロ南北線、都電荒川線
	JK35	上中里	かみなかざと	東京都北区	1933年7月1日	地上1面2線（1・2番線）	6,895人	
	JK34	田端	たばた	東京都北区	1896年4月1日	地上2面4線（1・4番線）	39,231人	山手線
	JK33	西日暮里	にしにっぽり	東京都荒川区	1971年4月20日	高架2面4線（1・4番線）	88,139人	山手線、東京メトロ千代田線、日暮里・舎人ライナー
	JK32	日暮里	にっぽり	東京都荒川区	1905年4月1日	地上3面6線（9・12番線）	102,143人	常磐線・山手線、京成本線、日暮里・舎人ライナー
	JK31	鶯谷	うぐいすだに	東京都台東区	1912年7月11日	地上2面4線（1・4番線）	23,234人	山手線
	JK30	上野	うえの	東京都台東区	1883年7月28日	高架6面12線・地上3面5線（1・4番線）	162,555人	東北新幹線・上越新幹線・北陸新幹線・宇都宮線・高崎線・常磐線・山手線、京成本線、東京メトロ銀座線・日比谷線
	JK29	御徒町	おかちまち	東京都台東区	1925年11月1日	高架2面4線（1・4番線）	60,852人	山手線、都営大江戸線
	JK28	秋葉原	あきはばら	東京都千代田区	1890年11月1日	高架4面6線（1・4番線）	211,998人	山手線・総武線各駅停車、東京メトロ日比谷線、つくばエクスプレス、都営新宿線
	JK27	神田	かんだ	東京都千代田区	1919年3月1日	高架3面6線（1・4番線）	87,879人	山手線・中央線、東京メトロ銀座線
	JK26	東京	とうきょう	東京都千代田区	1914年12月20日	高架5面10線・地下4面8線（3・6番線）	403,831人	東海道新幹線・東北新幹線・上越新幹線・北陸新幹線・東海道線・宇都宮線・高崎線・総武線・横須賀線・京葉線、東京メトロ丸ノ内線

主要参考文献

『神奈川の百年　下巻』（1968、毎日新聞社横浜支局編、有隣堂）
『埼玉県の歴史』（1971、小野文雄、山川出版社）
『北区市史　新修』（1971、東京都北区）
『日本国有鉄道百年史』（1972、日本国有鉄道）
『蒲田撮影所とその附近』（1972、月村吉治）
『東京駅々史』（1973、東京南鉄道管理局）
『品川区市　通史編　下巻』（1974、東京都品川区）
『京浜東北線各駅停車　城北湘南いま・むかし』（1977、椿書院）
『埼玉ふるさと散歩　川口市・鳩ヶ谷市』（1977、沼口信一、さきたま出版会）
『かながわの鉄道』（1978、長谷川弘和・吉川文夫、神奈川合同出版）
『有楽町今と昔』（1980、木村毅編、東京交通会館）
『東京の国電』（1981、ジェー・アール・アール）
『鉄道の旅 全線全駅　4』（1982、宮脇俊三・原田勝正編、小学館）
『鉄道と街　東京駅』（1984、三島富士夫・永田博、大正出版）
『鉄道と街　横浜駅』（1985、三島富士夫・宮田道一、大正出版）
『大宮駅100年史』（1985、反町昭治、日本国有鉄道大宮駅）
『与野市史　通史編　下巻』（1988、与野市）
『川口市史　通史編　下巻』（1988、川口市）
『浦和市史　通史編　3』（1990、浦和市）
『かながわレールの旅』（1995、松井幸夫、神奈川新聞社）
『神奈川の鉄道』（1996、野田正穂・原田勝正・青木栄一・老川慶喜、日本経済評論社）
『大田区史　下巻』（1996、東京都大田区）
『浦和市史　通史編　4』（2001、浦和市）
『思い出の省線電車』（2012、沢柳健一、交通新聞社）
『京浜東北線100年の軌跡』（2015、三好好三、JTBパブリッシング）
『さいたま市史 鉄道編』（2017、さいたま市）
『JR京浜東北線沿線の不思議と謎』（2018、松本典久、実業之日本社）
『地図で読み解くJR京浜東北・根岸線沿線』（2022、栗原景、三才ブックス）
『横浜　鉄道と都市の150年』（2023、岡田直、有隣堂）
『鉄道ピクトリアル』各号
『鉄道ジャーナル』各号
『旅』各号
『散歩の達人』各号
『週刊ポスト』各号
『週刊プレイボーイ』各号
『週刊SPA!』各号
『アサヒ芸能』各号
『Hanako』各号
『汎交通』各号

著者プロフィール

鼠入昌史（そいり まさし）

1981年東京都生まれ。文春オンラインや東洋経済オンラインをはじめ、週刊誌・月刊誌・ニュースサイトなどに様々なジャンルの記事を書きつつ、鉄道関係の取材・執筆も行っている。阪神タイガースファンだが好きな私鉄は西武鉄道。著書に『相鉄はなぜかっこよくなったのか』（交通新聞社）、『鉄道の歴史を変えた街45』（イカロス出版）など。

降りて、見て、歩いて、調べた
京浜東北・根岸線47駅

2024年12月15日　初版第1刷発行

【著者】鼠入昌史

【発行人】山手章弘

【発行所】イカロス出版株式会社
〒105-0051　東京都千代田区神田神保町1-105
contact@ikaros.jp（内容に関するお問合せ）
sales@ikaros.co.jp（乱丁・落丁、書店・取次様からのお問合せ）

【印刷】日経印刷株式会社

Printed in Japan　ISBN978-4-8022-1535-0